整合为王

余江 ◎ 著

光明日报出版社

图书在版编目（CIP）数据

整合为王 / 余江著 . — 北京：光明日报出版社，2016.8（2024.1重印）

ISBN 978-7-5194-1959-2

Ⅰ．①整… Ⅱ．①余… Ⅲ．①企业管理－通俗读物 Ⅳ．① F272-49

中国版本图书馆 CIP 数据核字 (2016) 228153 号

整合为王

著者：余江

责任编辑：靳鹤琼　　　　策　　划：未来趋势文化传媒（北京）股份公司

封面设计：鼎央阁　　　　责任校对：傅泉泽

责任印制：曹诤

出版发行：光明日报出版社

地址：北京市东城区珠市口东大街 5 号，100062

电话：010-67078245，67078270（发行），67019571（邮购）

传真：010-67078227，67078255

网址：http://book.gmw.cn

E-mail：gmcbs@gmw.cn

法律顾问：德恒律师事务所龚柳方律师

印　刷：三河市明华印务有限公司

装　订：三河市明华印务有限公司

本书如有破损、缺页、装订错误，请与本社联系调换

开　本：620×889　　1/16

字　数：208 千字　　　　　印　张：16.25

版　次：2016 年 10 月第 1 版　　印　次：2024 年 1 月第 2 次印刷

书　号：978-7-5194-1959-2

定　价：49.80 元

目录

序

只有穷脑袋，没有穷口袋

网络上有人曾这样抱怨：30 多年前，改革开放，遍地是机会，但我们那时候还没有出生；20 年前互联网开始兴起，富了一帮 IT 人士，但我们那时候还小，不懂电脑；10 年前房地产开始火了，但是我们那时候穷，没有钱炒楼，现在，这些条件都具备了，但是我们却没有了当年的资源。

这无疑是一条发泄式的段子，我们无意去研究抱怨者所说的话是否属实，但其中透露出的一种观念却值得我们深思。

什么观念？穷不在我，穷在环境！

这种观念的错误在于，他们将那些成功人士的成绩都归结于环境，忽略了自身的因素，总抱怨时代，怪时代没有给机会，怪最好的时代都在从前，现在却难觅机会。

果真是这样吗？

没错，30 年前中国改革开放，机会如雨后春笋般涌出；没错，20 年前互联网开始在中国发轫，一些搞互联网的人发了大财；没错，10 年前楼市开始发轫，入市即赚。但有一条规律却被人忽略了，那就是任何"从前"都是从当下走过去的，任何当下都要成为以后的"从前"。

所以，我们无须纠结于以前有什么，只需问"现在有什么"。

其实从发展的眼光来看，现在有的比以前要更多。30年前的传统行业中，有的仍然势头强劲，有的却在新行业的冲击下摇摇欲坠，新行业是一种机遇；20年前萌芽状态的互联网如今已经渗透进了每一个人的生活当中，互联网的机遇更好了；10年前的楼市走上经济大舞台，如今房地产举步维艰，人们手上的资金却是更多了。

种种背面都隐藏着巨大的财富，却总容易被人忽略。

能够看到背面的人现在都在耕耘，他们又成为了新一轮财富角逐的主角，而看不到背面的人，却只能在网络上发一发"生不逢时"的牢骚。这与其说是一种眼光上的差距，倒不如说是一种观念上的差距。一种是穷人观念，认为资源和机会总在过去和未来，在当下看不到一点蛛丝马迹；而另一种则是富人观念，机会无处不在，资源无处不在，只要我努力就够了！

而那些一步步走向成功的人正是拥有着富人观念的一批人，他们曾经也是穷小子，也缺资源，但他们却能够用各种方式整合到自己所需的资源，他们明白，自己缺的，这个世界都有。

穷人坐等资源，富人整合资源。这是一种过程，也是一种结果。坐等资源的人抱残守缺，原地踏步；而整合资源的人却在不断拥有，直至成功。因此，"穷口袋"是由"穷脑袋"决定的，如果有整合的脑袋，何愁无资源，何愁无机会，又怎会变成"穷口袋"呢？

而整合又真的是那么高深吗？并非如此，早在石器时代，人们已经开始在整合了。从物物交换到结成部落，这都是整合的微观模型。从这种整合当中，人类变得更加强大，并最终走到了今天。

整合又真的是那么困难吗？这个世界上从来都不缺乏白手起家的人，他们能够从一无所有到平步青云就已经证明了，整合只不过是一种"折腾"，一种努力，只要你够拼命、够胆大、够聪明，它不过就是"小菜一碟"。

整合不高深，也不困难，为什么要守着自己那一亩三分地，不去整合呢？

台湾震旦集团董事长陈永泰说过一句这样的话，所有的聪明人都是通过别人的力量，去达成自己的目标。他说的这句话几乎是个人发展的至理真言。在这个团队"横行霸道"，借力"如日中天"的时代，依然选择单打独斗的人无疑是以卵击石、螳臂当车。

我们只能告诉你，在任何时代，你所缺的资源，这个世界都有，不管你是企业家、中层管理者、员工还是个体户，你都可以从这个世界上整合到你想要的任何资源。技能、人脉、资金、智慧，你能想到多少，它就有多少。

为什么？因为你也有自己的资源。你的知识、你的经验、你的圈子、你的智慧甚至是你所处的那一亩三分地，这一切都是你所拥有的资源，只是你从未发觉。你需要做的事情很简单，利用你有的，去交换你想要的。

这不是一个单枪匹马能够出头的时代，这也不是狄更斯所说的"最好的和最差共存的时代"，对于整合而言，这是一个最好的时代，也是一个更好的时代。改变思维，你只需要多行动一步，给自己换上一个"富脑袋"，从整合中去找寻你所需的一切，成功自然会到来！

第一章

给力时代须借力而行

　　职业生涯的发展，实际上就是一个逐渐增加个人可以动用资源的过程。人与人竞争的实质，也就是所能调动资源的竞争。人人都说这是一个"给力"的时代，其实这是一个"借"力的时代！

做小事靠自己，做大事靠大家

中国有句俗话说得好，单丝不成线，独木不成林。这句话讲的就是团队的作用。作为自古以来就拥有庞大人口的国家，中国人在"合力"这件事情上也是深有体会。除了上述那句俗语之外，我们还创造了诸如"三个臭皮匠顶个诸葛亮""众人拾柴火焰高"等一系列的至理名言。

我们现在仍然可以将这类话奉为圭臬，因为在商品经济浪潮的冲击下，我们愈发明白，这是一个单枪匹马难以出头的年代。一个人，尽管很聪明，有很强的个人能力，但假如他想靠着单打独斗获得巨大成功的话，那也是天方夜谭。

当然，我们讲这番话的目的并不是要打击任何人的上进心和自信心。我们只不过将一个残酷但真实的现实讲出来。只有读懂了题目，才能解决问题，不是吗？

诚然，在生活中，我们也会碰到各种这样或者那样的强者，他们可以做出一件让我们觉得"不明觉厉"的事情，他们有着极强的个人能力，可能会成为众多猎头公司的"捕猎"对象。但我们不能说这样的强者就一定是最成功的人，道理很简单，因为古往今来的成功人士都有这样一个显著的特点：他们的个人能力不一定是最强的，但他们却因为能够笼络到各行各业中的佼佼者，最终成就了自己。

我们以三国时期著名人物刘备为例。

通过《三国演义》一书，我们知道，这刘备原本是中山靖王刘胜的后代，汉景帝阁下玄孙，算是正宗的帝室之胄。但后来由于刘备先祖触犯法律，导致家道中落。到刘备这一代时，他们已经成为了与寻常百姓无异的凡夫俗子了。

但刘备可不想只是做一个普通人。他自小就有称王称霸的雄心。但他同时也知道，像逐鹿中原这种大事光靠他一个人是不可能完成的。于是，他在人生中的每一处都小心翼翼地留下了注脚。

在刘备 15 岁时，他外出求学。在此过程中，他便开始为自己积累人脉。他首先认识的是公孙瓒、卢植等人。这公孙瓒算是他的同学，卢植是他的兄长。在刘备出道之前，这两人给予了他不少的帮助。

汉灵帝中平元年（公元 184 年），神州大地上爆发了黄巾起义，刘备在此时认识了关羽和张飞，当时的刘备籍籍无名，但是他知道要闯出一番天地来必定要多多借力，于是他与关、张二人结为异姓兄弟。

他选择关羽、张飞的目的也很简单，因为他们身上有他没有的能力——智慧、武力以及财力。这关羽是在家乡杀了人逃出来的，勇力过人，极具智慧。而张飞更不用说了，他是本地的屠夫，做起了很大的猪肉生意，不但能打还有钱。刘备最初用来招募乡勇、打造兵器的钱就都是张飞出的。反观当时的刘备，可以说是要什么没什么，打架不用说，要钱也没有，整天挑着草席、草鞋贩卖，仅能养家糊口而已。

在后来的斗争中，刘备逐渐发展壮大，但始终只能算是一股小势力，刘备为人仗义忠厚，所以吸引了很多豪杰前来相助，头一批人便是赵云、徐庶。赵云是三国猛将，战力自不必说，他曾经七进七出，救刘备的儿子刘禅，而徐庶则更是帮助他在早期的军事斗争中立于不败之地。

熟悉三国历史的人应该也知道，刘备除了招募人才外，还经常通过投靠比自己势力大的军阀以求壮大，他先后曾投靠过曹操、袁绍、刘表等人，每次投靠，都让他能够休养生息，趁机做大。

这也是刘备集团发展史上的一个惯用招数：当他们面临被消灭的危险时，刘备总能够找到强大的靠山，以此来维持自己的生存。

再后来，刘备又通过徐庶的介绍将诸葛亮招入门下，诸葛亮的到来让刘备如虎添翼。后来，刘备在诸葛亮等人的帮助下渐渐起势，招募了一大批将才，武将如魏延、马超、黄忠等，文士有与诸葛亮齐名的"凤雏先生"庞统，最后，正是这些人帮助刘备登上皇位，建立蜀国。

其实不只是刘备，我们发现古代打下江山的皇帝几乎都是靠着这种套路起家的，而他们本身，在智慧和武力上又总是弱于身边一些文臣武将。

比如汉朝开国皇帝刘邦，起初他只是一个亭长而已。但后来他笼络到了一批能人，如韩信、萧何、张良等人。而明朝开国皇帝朱元璋也是如此，他手下有徐达、李善长、常遇春、蓝玉等一批能人。

站在刘邦、刘备、朱元璋等人的角度来说，他们靠着自己的"手段"让一批人帮助自己完成大业。但站在其他人的角度而言，我们能够更深刻地理解这个问题：试想，假如没有韩信、萧何、关羽、张飞、赵云、诸葛亮、徐达、李善长、常遇春等人，刘邦他们能够成为开国皇帝，名留青史吗？

所以说，站在这些人的角度而言，我们才能发现，古往今来，做大事者绝不会是单枪匹马的，他的身边一定有一个像样的团队。

正所谓做小事靠自己，做大事靠大家，我们每个人的精力和能力都是有限的，想要依靠个人能力达成某个难以企及的目标实在是太难了。

而且，单枪匹马不是勇武，更像是一种鲁莽和冲动，当所有的人都在抱团以求整合的时候，一个单枪匹马的人无疑是要被这个时代淘汰的，光靠自己的力量就好比是攥一只拳头，而懂得整合的人却是攥起数只甚至是几十只拳头，两者之间如果较量一番，相信高下立见！

为什么贫者越贫富者越富

在当今社会，有一句话特别流行："最赚钱的不是做的最多的人，而是最有钱的人。"这句话理解起来很简单，只有让钱生钱的人才是赚得最多的人。为了让这句话得到更好的证明，我们不妨看看一个最有名的例子。

相信大家对股神巴菲特并不陌生。巴菲特这一生几乎都是在做投资，在涉足股票市场之后，他更是用"钱生钱"的方式让自己的生活发生了翻天覆地的变化。

以上所讲正是贫者越贫富者越富的一大原因。今天我们要讲的是另外一个原因——圈子。俗话说，一个篱笆三个桩，一个好汉三个帮。我们每个人都不是完全脱离这个社会而存在的，我们在这个社会中都扮演着各自的角色，我们是父母的子女，同学的同学，朋友的朋友，上司的下属。这些身份代表的不仅仅是一种符号，更是一种圈子。

个人的圈子无疑是一种资源。在社会生活中，许多机会正是来源于我们的圈子。说起史玉柱，大家并不陌生。在电视上盘踞了十几年的"脑白金"正是他的杰作。他是一位富豪，这是毫无疑问的。而史玉柱的一些人生经历也恰到好处地说明了圈子对资源的影响。

史玉柱最初是从计算机行业起家的。在1995年，他将投资眼光投向了保健品市场，在这一年，他发动了"三大战役"：将12种保健品、10种药品、10多款软件一起推向市场，投放广告费1亿元。

但在1996年，史玉柱名下的巨人大厦资金告急。于是，他便将保健品方面的资金调往巨人大厦，结果导致保健品业务迅速盛极而衰。在1997年年初，巨人大厦没有按期完工，债主们纷纷找上门来，巨人大厦的现金流彻底断裂，巨人大厦也因此停工。此时，负债2.5亿元的史玉柱只得黯然离开广东，他也因此变成了"中国首负"，为了躲避债主，他还不得不隐姓埋名。

但此时的史玉柱并没有完全倒下，百足之虫死而不僵，史玉柱此时除了缺钱，什么都不缺。他脑袋里还有对保健品市场的熟稔，手下20多人的团队也没有一人离开。史玉柱不甘心就这样失败，于是他暗下决心，要东山再起。

在1998年，史玉柱通过自己的人脉关系，向朋友借到了50万元的启动资金。在江苏省的一个县级市运作"脑白金"。由于之前对保健品市场的运作非常熟悉，不到三年，史玉柱就将"脑白金"打造成了中国最著名的保健品品牌，那句"今年过节不收礼，收礼只收脑白金"更是成为了家喻户晓的广告词。

2000年秋天，史玉柱还清了全部债务，他在接受采访时摘下了墨镜。他说，债务已经还清，他再也不用担心被别人认出来了。

这便是史玉柱重新发家的故事。

我们不妨分析一下，为什么史玉柱在负债累累之后还能够东山再起？无疑，史玉柱曾经富裕过，而这种富裕不光只是身家的暴涨，而是一种身家、人脉、社会资源的共同增长。当他欠下大笔债务时，除了资金，他仍然拥有很多资源：

第一，史玉柱的人脉资源仍然充盈。史玉柱在成为富豪的时候，身边的朋友也多是一些有身份有地位的人。也正因为如此，在他准备打造脑白金时，他才能够轻松借到 50 万元的启动资金。试想，在 1998 年，一个普通老百姓能够借到 50 万元的巨款吗？说得再过分一点，对于一位农民来说，他就算借遍自己的七大姑八大姨也很难筹到这么多的资金。而史玉柱能做到，而且还是在高负债的情况下。

第二，史玉柱的人才资源仍然存在。尽管破产了，但史玉柱手下的创业团队没有一人离开。这创业团队也是史玉柱的圈子，是他的创业圈。假如史玉柱只是借到 50 万元的创业资金而没有人才的话，想东山再起也是难如登天。而他手下的这些人才都是当年跟随他一起成长起来的，他们成功地打造过软件、药品、保健品等产品，他们的存在，无疑是史玉柱能够翻身的一大利器。

这正是"圈子"对个人发展的影响。我们看到过太多太多的成功学案例，上面大言不惭地说只要足够努力，就一定能够完成自己的人生梦想。但实际上，光努力是永远不够的。有时候，我们还要有合适的圈子。人人都在羡慕微软创始人比尔·盖茨，但有多少人知道，比尔·盖茨的成功靠的不仅仅是自己过人的头脑。盖茨的母亲是 IBM 的董事，正因如此，盖茨才能够在年幼的时候就接触电脑。而他在创业的过程中也或多或少地接受了母亲甚至是母亲同事的帮助。假如没有这些资源，那盖茨也可能只是一个普通人而已。

中国人爱说，穷不过三代，富也不过三代。但在信息发达、资本市场成熟的今天，这种话早已经失去了其原本存在的社会外部环境。有人曾经做过一个形象的比喻，就算比尔·盖茨的微软破产，他身无分文，他也是一个亿万富翁。这道理很简单，对于盖茨这样的人来说，他身上拥有的资源太多了。一旦破产，他失去的也仅仅只是资金而已，而其他的资源永远都不会随着资金破产消散。

说得泛一点，圈子是一种资源；说得细一点，圈子是一种机会。一个人成功机遇的多少与其交际能力和交际活动的范围是成正比的。毋庸置疑，一个人的圈子越大，他成功的速度便越快。而找圈子其实就是整合资源。既然圈子是一种人脉资源，那就可以被整合，可以为我所用。

今天，人类比任何时候都需要合作

中国古代著名哲学家和政治家荀子曾经写下这样一段至理名言："假舆马者，非利足也，而致千里；假舟楫者，非能水也，而绝江河。君子生非异也，善假于物也。"这里说的"假"便是借的意思。这种"借"其实是一种人与工具的合作。人跑不快，马不通人性，两者单独可能都无法完成某项任务，但是如果人与马合作，就能够顺利完成既定任务。

从这段话中，我们读出了古代的智慧，也读出了现代的智慧：人类只有通过合作才能够让自身得到发展。

当然，这里所谈的合作指的是人与人之间的"抱团"。可以说，在当今社会，人与人之间的抱团合作是势在必行。

其原因有以下几点：

第一，当今社会信息高度发达，新技术的出现弱化了个人的作用。现在我们打开电脑就能够看到全球各地发生的新闻。这在以前是不可想象的。这种信息的通达也让一些依赖兜售信息而生存的传统行业式微甚至消失。譬如说电报公司，现在几乎都已经见不到了，而纸媒也在电子媒体的冲击下频频跌落。在这种情况下，无论是企业还是个人，都必须学会合作才能够分享到更多的社会资源。在信息闭塞的时代，一个人可以靠一个点子做成一件大事，但在这个时代，当你有了新点子赚到钱之后，山寨会立马跟上。比如，曾经红极一时的开心网偷菜，在腾讯 QQ 农场的冲击下荡然无存。

第二，当今社会竞争日趋激烈。企业与企业之间存在竞争，团队与团队之间存在竞争，人与人之间也存在着竞争。竞争是一种博弈，简单来说，就是一个掰手腕的过程。这种博弈一般都是多股力量同时参与的。在当今社会，单枪匹马的竞争方式注定落败，只有合作才能够让自己变得更加强大。

第三，这是一个资本主导的时代。在信息、教育都足够发达的今天，好项目和人才都已经不再稀缺。有多少人因为没有资金而倒在了创业的第一步。资本是一种可以流动的资源。也正因为如此，"资本"成了商场博弈的重要筹码。尽管世界各国的经济在二战之后都得到了长久的进步，但动不动就能拿出上亿美金的人毕竟还是少数，资本的运作仍然需要各方合作。现如今如火如荼的众筹正说明了这一点。

这是一个资源充足的时代，但同时也是一个资源匮乏的时代。"二八定律"在这个时代仍然没有过时：这个社会上 80% 的资源都集中在那 20% 的人手上，而剩下 20% 的资源却需要那 80% 的人去共享。假如我们不去合作的话，这种情况会变得更加极端。

而从另外一个角度来说，人类的合作的确能够给生活、生产带来显著的变化。

举一个简单的例子，一个人只能抬起 100 斤的整块重物，但现在有 150 斤的重物需要在没有工具可行的情况下被抬走，此时，合作便是唯一能够解决问题的方式。至于合作在生产方面的作用更是不言而喻，流水线作业正是高度合作的一种典型，它的出现大大促进了第二次工业革命的发展。

根据现实情况而言，我们可以将人与人之间的合作分为以下几个方向：

一、体力合作。这是最简单也是最直接的合作体现，我们无须赘述。

二、脑力合作。脑力合作也就是智慧的分享。有人说，人类的思想因交锋而变得更为博大，这个世界上有许多真理都是因思想交锋而出现的。

三、信息交流合作。这种合作自古便有，这是一个 1+1=4 的传递方式。两个人各自有一条信息，告诉对方之后，他们两人的信息量就增长为四条。

四、资金合作。当某个目标需要一定数量资金才能完成时，资金合作便是一种不可或缺的方式。一个人买不下的东西两个人把钱凑一块就可以轻松解决。同样，一个人做不了的项目两个人同时出手就能够一举拿下。

人类是社会动物，作为社会动物，人会出于本能寻找盟友以让自己更强大，而每个人都以自己的利益为标准，而和别人的利益妥协，从而达成双方和谐，共同营利。社会的组成就是这个原理。而合作最基本的原则就是以长补短。别人需要的你有，你提供你的长处，而作为回报对方给你好处、利益。合作本身就是互相利用，只不过在合作时，所有人都必须作出一定让步，以保证自我营利的顺利进行。

所以说，只有合作能够保证共赢，才能够将力量攒到一个拳头上，形成一股强大的势力。

而这种合作，其实正是整合的一种方式。无论是体力合作、脑力合作、资金合作，都是整合彼此资源的一种方式。因此，我们可以说，在当今社会，人类比任何时候都需要资源的整合。只有那些能够整合资源的人才能够壮大自己，在竞争中拔得头筹。

整合能够产生新的财富

《马太福音》中有这样一个寓言：一位主人要去一趟外地，在临行前，他交给仆人们每人一锭银子，嘱咐他们拿这银子去做生意。

几年之后，主人回来，第一个仆人交上来了 11 锭银子，主人于是赏赐他 10 座庄园；第二个仆人交上来 6 锭银子，主人便赏赐他 5 座庄园；第三个仆人告诉他，自己不敢随便动用那锭银子，只是放在身边牢牢看守着，根本不敢拿去投资。

于是主人将第三个仆人的银子赏赐给了第一个仆人。对此，主人总结道："凡是少的，就连他原有的也要夺过来。凡是多的，还要再给他，叫他多多益善。"

这个寓言后来被人总结为"马太效应"。在商业社会中，人们重新给它下了定义：能力强的人往往会变得更强，能力弱的人往往会变得更弱。其实，即便我们不是企业家，也能够发现许多马太效应的例子：一个人知识越丰富，就越容易积累到新的知识；一个人的财产越多，那么他能够获得的投资收益也就越多；一个人的朋友越多，那么他能够认识到的新朋友就越多。

很多人认为，之所以有人贫穷有人富裕，是因为前者缺乏才华或者不够努力，而后者才华出众或者辛苦付出了。但在当下的社会，越来越多的人意识到，富人之所以能够获得更多的财富，并非仅仅依靠其才华和付出，而是因为他们在不停地整合资源。

在这方面，娃哈哈集团就是一个很好的案例：

娃哈哈集团有限公司创建于 1987 年，是中国最大全球第五的食品饮料生产企业，在资产规模、产量、销售收入、利润、利税等指标上已连续十几年位居中国饮料行业首位，成为目前中国最大、效益最好、最具发展潜力的食品饮料企业。

娃哈哈品牌旗下有 30 多个大众产品已经成为不同饮料类型领域中的"明星产品"。其中有大部分都是主导产品，如瓶装水、八宝粥等。这些产品多年来产销量一直牢牢占据全国第一的位置。根据一项调查显示，娃哈哈公司生产的饮料总产量要占到全国同行业总份额的 20% 左右，几乎处于饮料界的顶端。

然而，娃哈哈之所以能够获得如此的垄断地位，并不是因为它原本就有这么好的先天条件，而是凭借着其良好的产品设计理念、产品定位、品牌衍生和销售体系的不断创新，再加上其先进的生产技术和雄厚的资金、设备实力，调动企业内外的一切资源进行整合，不断发掘新的资源，才使得整个企业具备同国内外其他同行一较高下的能力。

在调动本身所拥有的资金资源、技术资源、产品资源之后，娃哈哈获得了更多的资源，如媒体资源、客户资源、消费者资源、政府资源等。而这些整合到的资源为娃哈哈带来了更加意想不到的财富。也就是说，在资源整合的过程中，娃哈哈本身也在创造着新的财富。

从娃哈哈的事例中，我们可以看出资源整合的能量。它就如同是一潭活水，越用越有，越用越多。这一点很像是农村的压力式舀水机，利用现有的一碗水，倒进井里之后能够源源不断地舀出里面的水。如果将水比作财富的话，那么整合带来的也必将是更多的财富。

我们再以一个简单的企业行为为例。

假如 A 公司某部门现在有八个人，而这八个人的能力都十分平庸。此时 A 公司进行人力资源方面的整合，从猎头公司挖到了一个四人团队，这四人团队能够做这八个人的活儿，拿的工资却只是原来六个人的份儿。在这种情况下，如果 A 公司能够整合到这四人团队，那么就能够为公司省下来两个人的工资，这也等于是为公司创造了新的财富。

但这种整合思维无论是对企业还是个人来说，都有一定的要求，总的来说，它需要决策者做到以下两点：

第一，拥有长远的目光和开放性的思维。也就是说，不能只看到眼前的利益，看不到长远的利益。在资源整合当中，我们应当学会排除眼前利益的干扰，摆脱"鼠目寸光"的心态。能够有 90% 的把握挣到 100 万，就不能追求那挣到 10 万的 100%。所以，这需要我们将资源看成是整合的"工具"，而不是什么"成本"，只有这样才能让自己站得更高，看得更远。

第二，不能满足于小富即安和眼前的所谓"大好形势"。在今天，每个人、每一家企业都在拼命前进，如果我们不整合，肥水可能就会流到他人的田地里去。只有整合，才能够让企业创造出更多的财富，创造出更多的资源，因为资源只有在利用的过程中才能获得最大的效益，体现出最大的价值。如果我们总是对手头的资源看得太重，而不是去将它们用来创造更多的财富，那么无疑会因此而裹足不前，难以获得更高的提升。

我们正处在整合资源的最佳时期

做任何事情，只要天时、地利、人和三者具备，那么就有很大的成功把握。整合也不例外，假如我们有了整合的地利（本身拥有的资源）、人和（团队资源），那么离整合成功就只差一步了。

这一步正是"天时"。

如果以发展的眼光来看的话，我们现在所处的这个时代其实是资源整合的最佳时期，因为资源整合所需要的大环境早已经准备好了。

我们可以从两家企业的发展历程中做一个综合比较。

波导是上世纪 90 年代初在浙江宁波创办的一家通讯公司。当时手机还没有发轫，波导主要以生产呼机为主。从 1999 年开始，波导开始生产手机，并且取得了重大成就，屡次登上国产手机销量排行榜第一名。在 2005 年底，工信部发表的数据显示，波导手机全球累计销量达到了 5000 万台，成为当时第一家突破 5000 万大关的国产品牌手机厂商。从 0 到 5000 万，波导整整走了六年。

同样是做手机，小米公司成立于 2010 年。根据其创始人兼 CEO 雷军发布的数据显示，小米在 2014 年单年的销量为 6112 万部，比 2013 年增长 227%，公司含税营收为 743 亿元。如果算上总销量的话，小米手机早已经过亿。

两家公司，不同的命运。由于辉煌期处在不同的时代，所以我们不能单纯从技术上找原因。而一切原因中最为合理的一个是：小米赶上了一个最好的时代，一个智能手机时代。

第一章 给力时代须借力而行

15

这便是"天时"。

而这个时代所拥有的"整合利好"还远不止这些。总结起来，我们可以归纳出以下五点：

第一，资源互换、流通的限制大大减少。如果我们将时光退回到 200 年前，那时整个中国都处于闭关锁国的状态，而政府对资源的互换和流通也有诸多限制。这一点我们可以从商人的地位上看出端倪。自周朝开始，至清朝末年，商人这个以交换资源而获利的群体就一直没有地位。士农工商中"商"排在最后。古籍中对商人也有这样的形容，"有其实而无其名者，商人是也"。在封建社会，靠资源整合谋生的商人屡受打压。而在新中国成立后，由于我国长期实行计划经济，对资源间的整合也有比较繁杂的限制。直到上世纪 70 年代末，中国实行改革开放，这些限制才逐渐消失。

而在改革开放后 30 多年的今天，我们已经可以欣喜地发现，政府在不停地鼓励企业和个人进行资源整合。比如说，对私营企业的鼓励、对个人创业的鼓励。银行对个人、企业的贷款办理也趋于简便。这一切都在说明，抛开未来不说，从政策上来讲，我们已经处于一个资源整合的最佳时期。

第二，资源紧缺仍然是常态。中国经济在经历了几十年的突飞猛进之后，人们的物质生活水平得到了极大地提升，我们国家也已经成为了世界第二大经济体。尽管如此，作为个人和企业来说，资源紧缺仍然是一种常态。个人在资金、知识技能、信息资源上还存在着许多缺口，而企业同样如此，人才、资金、技术等一系列问题仍然是困扰着企业的难题。有紧缺就有需求，所以，无论是个人还是企业，都有进行资源整合的迫切。

第三，人们观念意识的改变。中国人的消费观念在市场经济和外来文化的冲击下已经发生了巨大的改变。尽管目前中国人仍是世界上储蓄率最高的国家，但越来越多的人已经意识到，靠储蓄资源并不能给自己的生活带来多大的改变。所以，他们开始考虑用自己身上所有的资源进行整合。在这种观念的影响下，中国已经产生了一批影响这个国家甚至是整个世界的企业家，如马云、王健林等人。

第四，新技术、新观念、新能源等一系列创新推动出更多的新机会。谈到这一点，我们可以不用理论去证明。只需要我们想一下身边这几年出现的一些新鲜事物就行了：智能手机出现之后，各种APP 层出不穷，一批人靠做 APP 赚了；微信出现之后，微商、公众号应运而生，又有一批人以此为生；西方的节日文化传到中国之后，每一年的圣诞节、情人节都成为了众商渔利的最佳时期；太阳能技术革新之后，汉能薄膜的李河君便当上了中国首富。这一切都在说明，时代在进步的同时，也给每一个人留下了整合资源的机会。

第五，信息传播高度发达。互联网的兴起昭示着我们已经进入到了一个信息化的时代。而资源整合是双方的过程，以往由于受地域限制，找资源会非常缓慢。而在信息化时代，我们每个人都可以在互联网上看到其他人所缺，其他人所有。也正因为如此，诸如58 同城、赶集网等一类生活服务类网站才能做到这样大的规模。信息的传播能够简化资源整合的成本，提高资源整合的速度和效率，并为整合带来更多的效益。

从上述五点来判断，我们可以确定，我们当下所处的这个时代已经是我们能够进行资源整合的最佳时期，只要我们有地利、有人和，天时从来都不缺！

第二章

整合效应无处不在

农村大伯也懂资源配置，扑克麻将游戏中也暗含整合之道。其实，我们每一个人都在整合的路上耕耘了很久，只是有时候我们并不自知，也不会把"整合"的技巧融入到我们的事业当中。下面我们通过这一章来初步认识资源整合。

从"拼车"看成本整合：共享之妙

很多人都坐过公交车，尤其是每天朝九晚五的上班族，如果所在的城市没有地铁，自己又没有私家车可以代步，那就只好老老实实地跟着一大伙人去挤公交了。一提起挤公交，相信这肯定是不少人心头的噩梦：双腿站得发麻，人挤人的车厢，时不时地堵车，兜兜转转地绕行，要是不幸遇上炎热的天气，鼻子里更是充斥着刺鼻的汗臭味，想想都令人头皮发麻。

曾听朋友讲述过他在公交车上亲身经历过的一段小插曲。

一次，朋友在搭乘公交车时，发现公交车司机在车厢内已经是"人头攒动"的情况下，仍旧不停地停站载客，这一举动引起了不少乘客的不满，朋友本是个性急之人，于是脱口而出道："师傅，这车已经装满了人，你就别再让人上来了，不然我这手都没地放了！"

哪知这司机脾气还挺大，立马反唇相讥道："没地放你怎么不去打的呀，买车呀？"一句话把我朋友呛到无话可说，只好忍气吞声坐到站。

我们都知道，对于像我朋友那样的都市上班族而言，挤公交和坐地铁是两个最重要的出行渠道。一来，买车是不现实的事情，二来，一个人打的上班又太过浪费，无奈之下，只有选择挤公交和坐地铁了，如此，受一点气也是在所难免。然而，很多人不禁会问，难道就没有更好的解决办法吗？

当然有。在北京、上海、广州、深圳、南京等一些大都市，早已出现一种时髦又实惠的交通方式——拼车。据调查，在这些大都市，经常靠拼车出行的人数已逾300万，除了上班拼车外，他们在回家过年、出门旅行的时候，也更倾向于选择拼车。

这只是我们现实生活中的一个社会现象，我们无意去研究这种社会现象，但"拼车"体现出来的"整合"理念却值得我们借鉴。

我们在出行的时候，之所以选择和他人拼车，不仅是因为这样做可以避免等车、公交车绕行以便节省时间，更重要的是，我们在拼车的过程中，可以最大程度地节省出行费用，实现成本整合。

由此可见，"拼车"之所以具备极大的可操作性，完全是因为"空间"资源是可以共享的。我们可以更加细致地来看待这个问题：一般的出租车除了司机外，还可以坐下四个人，如果我们选择一个人坐车的话，那意味着我们需要为另外的三个空座位买单，这难道不是一种巨大的资源浪费吗？所以，假如我们能够将这座位与人共享，平均分担这笔车费，不就实现了双赢吗？

可以说，在成本整合这件事上，拼车是一种最为典型的代表。众所周知，在现实生活中，我们每个人的力量都是有限的，兜里的钱不会凭空变多，如果我们老想着靠一己之力去完成一件超过我们预期成本的事，那这几乎是痴人说梦。因此，但凡是有点头脑的人，都必须学会成本整合。

成本整合就是有如此大的魔力，它能让我们完成看似无法完成的事。要知道，一个人的力量毕竟是有限的，正如一根手指只能无关痛痒地去戳戳别人，五根手指合在一起却能攥成一个充满力量的拳头。由此可见，不懂整合，不会共享的人注定是一个失败者。

　　其实，不光是在生活当中，生意场上也需要有这种成本整合思想。举一个简单的例子，两家公司都想承包同一个项目，但这个项目所需要的前期投资非常大，按照这两家公司现有的经济实力，谁都无法单独承揽下来。很显然，眼前这盘棋看起来是一个死局，不少公司在面对此种情况时，一般都会选择放弃，然后将这个项目拱手让给第三家更有实力的公司。

　　除了拱手让人，难道真的没有其他可行的解决方案吗？

　　中信洛阳重型机械公司是中国最大的重型机械制造商之一，主要为矿山、建筑材料、冶金、有色金属、电力、化工以及环境保护等行业提供全面的机械设备和自动化设备。

　　进入 2000 年之后，中信集团就已经将公司的发展目标投向了广阔的非洲市场。但苦于本身在非洲没有任何基础，中信集团的外扩之路走得异常艰难，与他们有同样困惑的还有一家非洲本土的企业——南非贝特曼工程技术公司。这家公司有着近百年的历史，年营业额 2.15 亿美元，过去的 10 年中，在世界 40 个国家完成了600 多个项目。该公司主要为非洲和世界其他地区的矿产、水泥、煤炭、钢铁和电力等工业市场提供服务。其业务包括：专有设备、气动传输设备、环境控制设备、水泥设备、大宗物料处理设备的部件和维护服务等。它的市场和客户主要在中国、俄罗斯、南美和南非等国家和地区。

　　贝特曼公司虽然有着悠久的历史，但在进入 2000 年之后，它的发展劲头便逐渐被其他年轻更有实力的公司超越。

2006 年 6 月，跨越亚非两大洲的公司通力合作，完成了一次资源整合：洛阳重型机械公司与南非贝特曼工程技术公司在南非的约翰内斯堡签署了合作备忘录。根据合作备忘录，洛阳重型机械公司将与贝特曼工程技术公司合作，在南部非洲的 12 个国家销售中信重机公司自有知识产权的矿用磨机和其他几种矿山设备。

当时洛阳重型机械公司与贝特曼公司都想在非洲获得更多的市场份额，但洛阳机械凭借一己之力完全无法做到这一点，而贝特曼公司同样如此，于是，双方通过国际咨询公司开展了一次成本整合，并最终实现了共赢。

这两家公司深谙整合之道，它们明白，彼此通力合作，共同投资，就能共享效益。个中道理其实很简单，如果大家都撤退，就只能瞪大眼睛看着赚钱的机会长腿跑了；如果大家都竞争，那最终也会败在资金不足上，谁也干不成。因此，唯一的办法就是两家公司合理地互相整合对方的成本，然后实现最终的收益。

从"农忙"看流程整合：合作之强

几百年前，陶器厂里的工人制造一件陶器每个步骤都需要自己亲历亲为，自己挖泥，自己运泥，自己拌土，自己制坯，经过反反复复的十几道工序之后，一件像样的陶器才能出厂，整个过程可能要历时好几天。

但在 1769 年以后，这种古老的生产方式出现了极大的变革，英国人乔赛亚·韦奇伍德突发奇想地将他手下的工人进行了分工，原本的陶瓷工人被细分为：挖泥工、运泥工、拌土工、制坯工。韦奇伍德的这种方法也给他带来了巨大的收益：平均算下来，韦奇伍德的工厂产量领先当时平均水平数倍以上。

后来，美国汽车工程师福特将这种方法运用到汽车制造行业当中，从此，"流水线"式的合作代替了单打独斗的传统工艺，成了整个工业时代的主流。

"流水线"式的作业不光带来了工业生产力的提高，在农业领域，这种分工合作的方式也能够带来更强大的生产力。

我们都知道，每年的七八月份时，是农民的"双抢"季节。为什么说是"双抢"，因为在这不到两个月的时间内，农民必须要完成收割、耕田、灌溉、插秧等一系列工作。一旦错过时间，后半年的收成就别指望了。

我曾经应邀参观一处农业基地。一位农民朋友在与我闲聊时，忧心忡忡地跟我说，今年的早稻熟的晚，只剩下一个多月的时间，这晚稻都不知道什么时候能下田。

他的担忧让我不禁想起自己在田间地头发现的一个问题，在这个村子里，每家每户都是各忙各的，如此高强度且繁琐的劳动，彼此间竟然没有一星半点的合作，所有人都在埋头苦干，所有人都满脸忧愁。

后来，我离开那里，去了很多农村，发现他们的劳动方式都只是一种重复而已，如果他们单打独斗的话，就必须将割稻、耕田、灌溉、插秧这一系列的流程全都走一遍。

很多村民并没有发觉，他们在这几个流程的工作效率是不一样的，割稻快的人一两天就能割完一亩稻子，慢的可能要花上三天，而在灌溉环节，他们的这种劳作方式所浪费的时间就连我这个外行人都看的一清二楚。每家每户在需要灌溉时要从家里运来水泵，然后再铺电线，铺水管，用完又都拿回去，这个现象就让我觉得有些匪夷所思了。

如果我是他们的话，一定不会一头扎进田里去。明明知道时间紧迫，还按照原来的劳作方式，时间肯定是不够用的。既然如此，还不如跟别人合作，割稻快的割稻，插秧快的插秧，这水泵几台就够了，谁家田地需要灌溉，只需要将水管挪挪地就行了。这种做法不但能最大程度地保证每个流程的完好无缺，还能节约每家每户的时间、精力和物力，简直可以称得上一箭双雕。

综上所述，我们可以得出一个结论，那就是不懂得合作的人往往是最受累的。相信大家都听过盲人摸象的故事，如果不懂得合作，那最后得到的只会是"柱子""扇子""墙壁"这样的答案。

究竟有没有办法让这几个盲人知道自己摸到的东西是大象？当然有，那就是通力合作，把三个人的答案组合在一起，柱子是大象的腿，扇子是大象的耳朵，墙壁则是大象的身子。

所有人的精力都是有限的，在这个世界上，能成为"多面手"当然是好事，可很多时候，不懂合作，事事躬亲，只会浪费我们宝贵的时间。举个简单的例子，某甲和邻居某乙都要宴请客人，他俩都需要一些蔬果和蛋糕，如果他们执意各买各的，那每个人都要跑一趟菜市场和蛋糕店。假如他们懂得流程整合的话，那每个人只需要跑一趟，最后就能把事情办成。具体来讲，两个人分工合作，一个人去菜市场买彼此想要的蔬果，另一个人则去蛋糕店买彼此中意的蛋糕，双双回到家后，他们再把手头的东西分给对方就好了。

通过这个例子，我们可以看到，假使没有流程整合，那买蔬果和蛋糕这个过程就会显得十分烦琐。所以说，流程整合得越细致，过程就越简单。

在现实生活中，我们总能听到这样的吐槽：我快要忙死了，每件事都要去我去办，我真恨不得像孙悟空那样能七十二变。何苦要七十二变呢？只要我们动点脑筋，学会流程整合，懂得找人合作，还怕日子过得不轻松吗？

从"借钱"看资金整合：造血之能

人们常说，给别人打工是发不了财的，必须得自己创业。这话确实没错，但谁都知道，创业是需要资金的，如果不给别人打工，又哪来的钱去创业呢？

所以，迫于现实，很多人都想通过打工攒钱的方式累积自己的创业资金。就这样，辛辛苦苦工作了好几年，每天节衣缩食，摒弃一切花销大的娱乐活动，好不容易攒下了十万块钱，终于可以创业了，最后却发现自己已毫无当年想要干一番大事业的壮志豪情。相信不少人有过这样的心路历程，更让人憋屈的是，在攒钱的这几年里，错失了不少创业的最佳时机。

照这样看，当初创业就不该犹犹豫豫，没钱可以找别人借点呀！可惜大多数中国人的经济观念还比较保守，如果没有特殊情况，是绝对不会轻易张口向别人借钱的。理由也很简单，一部分人是源于脸皮薄，害怕欠下别人的人情，还有一部分人则是向往"无债一身轻"的生活，不肯被债务压得连日子都过不好。

其实，这两种心态都无可厚非，但俗话说得好，舍不得孩子，套不住狼，不负债的生活固然高枕无忧，可这也让我们与发家致富的机会擦肩而过。

互联网分析师许单单这两年风光无限，这一切源于他从分析师转型成为知名创投平台 3W 咖啡的创始人。

许单单生于 1982 年，作为一名 80 后，他有着别人不一样的经历。在大学的时候，他就开始做生意。他毕业先后去了几家公司实习。第一家是咨询公司，做人力资源咨询，他在广西待了半年。然后是大唐移动，之后是联想的人力资源部招聘组，负责校园招聘的组织工作。

后来，他又进入互联网行业，成为了一名互联网分析师。在2011年8月，许单单开始创办3W咖啡。

当时许单单面临的最大难题便是资金。他自己知道，做这样一个项目仅凭自己的实力是难以完成的，于是他想到了一个最简单的办法——借。

3W咖啡采用的就是众筹模式，向社会公众进行资金募集，每个人10股，每股6000元，相当于一个人6万。那时正是玩微博最火热的时候，很快3W咖啡汇集了一大帮知名投资人、创业者以及企业高级管理人员。

这其中就包括清华企业家协会会长、投资人杨向阳、红杉中国创始人沈南鹏、天使投资人曾李青、去哪儿CEO庄辰超等数百位知名人士，募集到了近千万资金。

至此，3W咖啡引爆了中国众筹式创业咖啡在2012年的流行。几乎每个城市都出现了众筹式的3W咖啡。3W很快以创业咖啡为契机，将品牌衍生到了创业孵化器等领域。

其实，许单单借钱创业的经历反映的正是一个资本整合的道理。如果一开始缺乏创业资金的他想通过为别人打工来攒钱做3W咖啡的话，那他绝对不可能拥有今天的辉煌成就。

仅凭自己的一个念头，他就开始源源不断地向各方借钱，而这一笔笔款项就好比一股股新鲜的血液，不停地为他的创业之路提供永不停歇的能源，并一次又一次给他带来可观的财富。

很多人认为这是一个白手起家的故事，可如果我们看得更深一点的话，我们会发现，所谓的白手起家压根就是指那些替他人打工的人。这种人从不向别人借钱，也无须投入资金，他们要做的只是脚踏实地地干下去，随随便便就能混个温饱，努力一点的兴许还能成个小康之家，可他们永远做不成大事。

纵观世上那些知名的大企业家，哪一个不是通过"投资"来获得回报的？在创业之初，他们和我们一样口袋空空，但在进行创业时，他们手上必然要有一定的创业资金，不然他如何去支付高昂的前期资本。

众所周知，在创业的过程中，企业经常会出现资金断层这种情况，此时，如果企业管理者能得到一笔资金，那企业就能继续生存下去，朝着健康、稳定的方向发展。相反，如果企业管理者少了这笔资金，相信不用多久，企业就会做不下去。因此，在遇到资金断层的问题时，大多数企业管理者都会绞尽脑汁地寻求贷款或融资。

当然，不只是企业家会遇到这种问题，我们普通老百姓也经常深陷此类困境。就拿人人都有的刚性需求房子来说吧，假如有一套房子现在价格很低，而房价又在不停地往上蹿，此时我们会做出何种选择呢？很显然，尽早将这套房子买下来，我们就能赚得越多，可问题是，我们暂时又拿不出那么多钱，等我们通过打工攒到那么多钱时，房子肯定又不是当初的那个价了。

怎么办呢？唯一的办法就是想方设法筹一笔资金补上这个空缺，把房子买下来。如果我们已经有住房的话，等房价上涨时，再将房子倒手卖出去，我们就能够赚取这中间的差价，为自己谋得更大的利润。

那这笔资金从何而来呢？答案是，除了借钱，再无更好的办法。

当我们埋怨自己没有充足的资金时，不妨把眼光从自己身上挪开，看看别人的口袋里有没有我们需要的资金。永远记住一点，会挣钱的人钱在别人的口袋里，不会挣钱的人把钱藏在自己的口袋里。

总而言之，借钱就是一种常见的资本整合，它所体现的正是整合的"让渡性"。通俗来讲，我们向别人借钱，如果别人欣然同意，那就代表对方将这笔钱的使用权暂时"让渡"给我们，而我们则可以大胆地利用这笔钱来进行创业、投资等，只要我们能用这笔钱创造出更大的价值，那我们就是最大的赢家。

从"中介"看信息整合：捷径之路

相信很多租过房子的人都有这样的经历，自己想租一套满意的房子，但手头上的信息却非常有限，有时候为这事儿愁得焦头烂额。

但是这几年我却发现，租房子已经不像我毕业那会那么困难了，因为随着房地产行业的发展，房产中介如雨后春笋般冒出，现在如果你需要租一套房子，不管是什么类型的，只要是上网或者到中介公司去，对方立马能够给你安排好，提供选择、联系房东、看房，这些步骤对方都会替你安排好，省却了许多麻烦。

不光是房地产行业有中介，现在随着社会的不断发展，各行各业都出现了以提供"信息"为服务的中介，如贸易中介（提供贸易所需的资料，客户等相关信息）、服务中介（提供第三产业信息，如家政公司）、网络中介（通过网络形式提供服务的中介机构）、物流中介、房地产中介（包括租售）、二手车中介（各种二手车服务信息）、婚姻中介（也就是俗称的媒婆）等。

有人说，中介会让消费者花费更多的钱去购买产品或者服务，比如说在房地产行业，中介就被称之为"地产行业的蛀虫"，虽然这个事实已经存在，但是另外一个事实也是无法为人们所否认的，那就是中介的出现给人们的生活带来了极大的便利。

我们都知道，中国古代有一种职业叫"捎客"，这捎客其实就是今天的中介，他们的作用是提供别人不知道的信息或者通过一己之力无法得到的信息，而他们的运作之道正是"整合"———一种信息整合。

我们就以普通的租房中介为例。假如张三由于工作原因想在单位附近租一套房子，他根据自己的条件希望能找到一套像样的一居室或者是与人合租，在没有任何可靠信息来源的情况下，他该怎样租下一套符合自己条件的房子？

如果张三不想通过中介找房子的话，那么他首先要去单位附近的小区里看一下有没有私人张贴出租房启示，如果有的话，就要通过电话与房东联系，联系房东之后，再跟房东约定看房的时间，这个时间必须要迁就两者。再者，假使房东和张三都有时间，张三也去看房了，这个过程一共耽误张三一天的时间，但是如果张三在看完这个房子之后对房子的装修、布局和环境都不大满意的话，那他又该怎么办呢？

还能怎么办，继续找下去呗。

这个简单的推设也让我们看出了中介对于租房者来说的重要性，下面我们不妨假设张三从一开始就通过中介租房。

如果他找的是中介，首先他免去了自己奔波找房源的麻烦，单位附近可租房的信息一般中介公司都有收录，张三只需要按照自己的条件一一筛选，选择自己中意的房子。这就为张三省去了许多的时间，在一般情况下，他能够在一两天之内就将房子租好。

从张三租房的过程中我们可以发现，"信息整合"能够给人带来极大的便捷。

众所周知，一个人能够了解的信息是极其有限的，当一个人所需要的信息与他已知信息差距过大的时候，他就必须想办法去获得这些他无法通过一己之力获得的信息，而在这个时候，找中介就是一个合适的方法。

站在企业的角度来说，信息整合也能够发挥巨大的作用。

作为有着 20 年历史的全国第一家企业化航空公司，厦门航空已经走过了很长一段的信息化建设之路。作为一家优秀的航空公司，信息化建设一直是厦门航空的重点。在信息化的过程中，厦门航空建立了 Oracle 财务系统、销售系统、安全生产（QAR）系统、航班运行管理系统（FOC）、OA 系统等信息化系统。

后来，厦门航空又从整合内部的信息和人员入手，整合了总公司、福州分公司门户、领导门户、基本的财务管理门户、市场服务门户、人事培训门户、技术支持后勤服务门户、个人信息中心应用门户，使得内部的信息流统一和顺畅，加强了企业的整体力量。

"信息整合"其实就是"资源整合"的一种。

哲人曾经说过："两个人手上各有一个苹果，那么他们交换之后每个人还是只有一个苹果，但是如果两个人各有一种想法，那么交换想法之后，每个人就同时拥有了两种想法。"这想法其实就跟"信息"一样，可以无限度的拥有。

懂得整合信息的人，在工作和生活当中就一定能够拥有比别人更开阔的视野和头脑，我们做事情会犯错会让自己陷入麻烦是因为我们有时候无法看清楚所有的利害关系，但是假如我们懂得如何去整合信息，将别人知道的信息收归己用，那就相当于"人无我有，人有我优"，比别人知道的更多一点，那么我们也就永远能比别人更快一点。

从"讨论"看思维整合：智慧之门

《题李凝幽居》是唐代诗人贾岛的一首名诗，而"鸟宿池边树，僧敲月下门"是这首诗中最经典的一句，很多人之所以熟知这首诗，也正是因为这句话。更加值得一提的是，关于这句诗的创作有这么一个有趣的故事。

诗人贾岛早年家境贫寒，但他喜爱读书，同时也颇有天赋。某一年，贾岛初次参加科举考试，住在京城里。

一天，贾岛骑着毛驴出去游玩，走着走着，他突然诗性大发，想起前日访友李凝的事儿，便做起诗来。他坐在驴背上，想好了第一句，第二句也成型了，他乍一想，觉得"鸟宿池边树，僧敲月下门"还不错，但是转眼又觉得这后半句的"敲"字改成"推"字好像更生动一些，一时间，贾岛拿不定主意。

为了能够尽快做出选择，贾岛一边在驴背上反复吟咏这句诗，一边伸出手来，一会扣紧双指做"敲"的手势，一会摊开手掌做推状，旁边的人看到贾岛这幅模样都很惊讶，但贾岛却完全沉浸在这其中。

演练了好半天，他还是没有决定到底用哪个字好，一时间烦躁不已。

当时的京兆尹韩愈正带着车马出巡，贾岛由于太过沉迷于"推敲"二字的选择，竟然丝毫没有发觉，他竟然不知不觉地走到了韩愈仪仗队的中间，韩愈手下的人发现后，连忙将这个做着怪手势的人从驴子上拉下来，这下可把贾岛吓坏了。庆幸的是，韩愈为人宽厚大度，他见这人一副斯斯文文的书生相，便问贾岛刚才在那儿比划些什么呢？

贾岛如实地回答说自己所做的诗句，不知是用"推"字还是用"敲"字，韩愈听了后，停下马思考了好一会儿，然后还反复吟诵，最后对贾岛说："还是用'敲'字好"。

他解释道："由于月光皎洁，万籁俱寂，因此老僧一阵轻微的敲门声，就惊动了宿鸟，或是引起鸟儿一阵不安的躁动，或是鸟从窝中飞出转了个圈，又栖宿巢中了。抓住了这一瞬即逝的现象，来刻画环境之幽静，响中寓静，有出人意料之胜。倘用推字，当然没有这样的艺术效果了。"

韩愈的这一番中肯的解释，顿时让贾岛茅塞顿开，他决定此句中就用"敲"字。于是，两人并排骑着自己的坐骑回到了韩愈的家，一同议论作诗的方法，在韩愈的盛情挽留下，贾岛还在他家住了好几天，双方因此结下了深厚的友谊。而这首诗，也因为其高远的意境成为了传诵千古的名篇。

通过这个故事，我们可以悟出一个道理，那就是很多事情仅凭一人去想去做是非常困难的，假如能够与人讨论，分享彼此的思维和智慧，两人合力反而能收到最佳的效果。

虽说贾岛的这首《题李凝幽居》中除了这个"敲"字外，其他的诗句也都颇具意境，但如果没有这个"敲"字，整首诗一下子黯淡失色，所以，这首诗的优美动人应当是贾岛和韩愈两人讨论后整合思维的结果。

"不识庐山真面目，只缘身在此山中。"很多时候，当我们做错一件事但又不知道自己错在哪里的时候，往往是因为我们陷入了自己的思维定式里无法自拔，此时若想找到打开智慧之门的那把钥匙，我们就必须选择和别人讨论，集思广益方能拨开眼前的迷雾，重见灿烂夺目的阳光。

有人不禁会问，为什么只有通过讨论才能开启智慧之门呢？

其实道理也很简单，我们可以把解决问题当成是一项机械工程，完成这项机械工程，不仅需要像齿轮、钢材这样的大家伙，还需要一些细小的螺丝钉。我们的思维就好比是材料库，如果这项工程并不是很复杂的话，那么单从材料库里取必要的材料可能就足够了，但是如果这项工程非常复杂，我们又缺乏一些必要的材料的话，那么肯定无法顺利完成这项机械工程。

而讨论的过程其实正是我们收集材料的过程。

假如开启智慧之门需要三把钥匙：甲、乙、丙，一个人拥有钥匙甲和乙，另一个人拥有钥匙乙和丙，毫无疑问，让他们单独去开启智慧之门是行不通的，因为其中一个人缺少钥匙丙，而另一个人缺少钥匙甲。此时，如果这两个人能聚在一起讨论，交换彼此的钥匙，那整合完毕后，最后就能成功开启智慧之门。

其实，上面所说的钥匙就是思维，而讨论的过程，也就是思维整合的过程。我们都知道，一个人再怎么聪明，他的智慧也是有限的，如果让他用有限的智慧去解决无限的难题，对他来说，根本就是一件不可能完成的任务，所以他必须和别人进行讨论，以便进行思维上的整合，集全解决问题的所需材料。

在我们日常生活当中，这种思维整合的方式也是十分重要的。俗话说，三个臭皮匠，顶过一个诸葛亮。一个人如果在工作当中遇到依靠自己脑中现有思维无法解决的问题时，就应当多与人交流，比如说一个人需要做一项市场调查，但是他不知道该如何去设计问卷，那么他就必须要请教一些对"问卷"比较了解的人，同样的道理，如果一个人只知道如何去设计问卷，但却不知道这些问题该针对哪些人群，那么他也是无法完成这项任务的。此时，只需要两人交换一下自己的想法，那么双方都能够很好地完成这项任务。

　　没有人生来就是一个具备大智慧的人，我们只有懂得与他人进行思维整合，将别人脑袋里我们所缺乏的思维整合到自己的脑袋里去，我们才能渐渐地拥有大智慧。当我们成功整合一个人的思维时，那我们就能解决原本需要两个人通力合作才能解决的问题，以此类推，当我们整合了几十近百个人的思维时，我们也将无穷尽地接近于智者，这难道不是一件令人兴奋的事儿么？

从"下棋"看人事整合：布局之法

　　喜欢下棋的人都知道，一个人会不会下棋，关键要看他懂不懂得布局。因为同样的棋子，经过不一样的布局，收到的效果也往往不一样。

　　其实，我们所熟知的"田忌赛马"的故事，讲述的正是"布局之法"。

　　田忌经常与齐国众公子赛马，设重金赌注。孙膑发现他们的马脚力都差不多，马分为上、中、下三等，于是对田忌说："您只管下大赌注，我能让您取胜。"田忌相信并答应了他，与齐王和诸公子用千金来赌注。

　　比赛即将开始，孙膑说道："现在用您的下等马对付他们的上等马，拿您的上等马对付他们的中等马，拿您的中等马对付他们的下等马。"已经比了三场比赛，田忌一场败而两场胜，最终赢得齐王的千金赌注。

　　孙膑果然是一个深谙布局之法的智者，他非常清楚地知道，田忌的马都不如对方同一等级的马，换言之，田忌如果让自己的上、中、下三等马分别与对方的上、中、下三等马比赛，那最后肯定会输得一塌涂地，虚掷千金。此时，田忌若想赢得比赛，只有打破固有的思维模式，巧妙地调换一下上、中、下三等马出场的顺序。而事实证明，孙膑的建议是正确的。

因此，可以毫不夸张地说一句，田忌赛马，赢在布局。

我们都知道，尺有所短，寸有所长。每个人都有各自擅长的领域，如果一家公司的领导者不懂得用人的话，那再好的人才到他手上也只是一种浪费。在销售界流传着这样一句话："永远不要把最好的推销员留在办公室。"这句话的意思正是提醒公司领导者人尽其用。

尤伯罗斯在商界可能并不是什么大名鼎鼎的人物，但他曾经做的一件事情却震惊世界：在1984年的洛杉矶奥运会上，凭借着他出色的整合能力，他帮助洛杉矶打破了"举办奥运会必赔本"的魔咒。

尤伯罗斯的经营管理能力在企业发展中也发挥了巨大的作用。他在自己的公司中对员工的挑选和任用方法也和一般企业家不同。

他对待人才从来是不拘一格的，只要他发现员工有才能，就算对方缺乏资历，他也会照样任用，并会将他安排到最合适的位子上去。他的这些举措让公司的发展变得非常顺利，人才浪费现象极少。

当然，这里所说的"用人布局"只是一种宏观意义上的"智力整合"，除此之外，还有一种"智力整合"我们经常能接触到，但却鲜有人能够圆满做到。这种情况就是，当领导者需要几个人去合力做一件事情时，该如何做到"智力成本"上的整合。

丁龄是一家品牌策划公司的策划部部长，多年的工作经验告诉她，一个人只要努力，几乎没有做不了的工作。所以，在用人方面，她只青睐那些肯吃苦的人，她近乎偏执地认为，一个人的脑子即使再灵活，如果不能脚踏实地地工作，那这个人也不值得为她所用。

有一次，公司接了某品牌食品的营销项目，老板对丁龄再三强调，此项目相当重要，她务必竭尽全力做好。老板都这么说了，丁龄自是十二万分上心，可她心想，自己平时接手的项目多是企业的品牌营销，对于食品类的营销工作并无多少涉猎，这该怎么办呢？

老板也想到了这一点，为此，他还专门给丁龄推荐了几个熟悉食品营销策划工作的人。但丁龄在人才选用方面，还是钟情于那些做事勤奋、牢靠的人，为了不让老板难堪，她答应让这几个人参与到这个项目中来，但也仅此而已，具体的人事安排，她还是坚持自己做主，老板不得多加干涉。

接下来，丁龄就开始自己的人事布局工作了。她亲自挂帅项目组组长，老板推荐给她的那几个人，她始终信不过，所以就安排他们负责这个项目的调查和资料整理，至于重要的文案策划工作，则由自己平时极为仰仗的助理负责。

任务布置下去之后，工作很快就开展了，但是很快，问题也一并出现了。

问题首先出现在项目调查和资料整理的工作上。老板推荐给丁龄的那几个人的工作热情日渐消退，他们原本在食品的文案策划上颇有经验，可丁龄非得让他们去搜集资料，这和用高射炮打蚊子（大材小用）有什么区别？

其次，丁龄的那些"亲信"助理们也有些手足无措了。他们和丁龄一样，缺少对食品品牌营销方面的经验，所以工作起来并不像之前那样游刃有余。

最后的结果可想而知。每个人都灰心丧气，谁都没有从自己的工作中收获任何成就感，更糟糕的是，胡乱拼凑的策划方案也被客户残忍地打回了。

这便是一个"整合智力成本"失败的案例，丁龄在布局上的混乱导致人才不能各尽其用，让每个人都去做自己不擅长的事，这是失败的关键。而这也为我们阐明了一个"智力整合"的关键因素，那就是要让每个人都能做自己最擅长的工作。

由此可见，当某项工作需要多人完成时，如果我们不能将多人的工作能力进行有效的整合，就算这些人都是所在领域内的翘楚，那最后也做不好这项工作。反之，虽然这些人在各自的领域内都是平庸之辈，但只要我们能够将"智力整合"做到最好，布好局，下对棋，那我们也能打一场精彩的胜仗。

从"捆绑"看销售整合：结盟之利

某大型超市发现有一款价值 40 元洗衣液产品滞销，超市经理为此很是头疼。

有一天，他在超市日化区转悠的时候发现了一个奇怪的现象：超市里的衣架好像特别畅销，货柜上的衣架到了下午总是只剩下那么几个。

第二天、第三天他再去看的时候，发现同样的情况还是存在，于是，他问身边的一名员工："最近衣架为什么这么畅销？"

员工回答道："咱们附近有几所大学，每年放暑假的时候很多学生都会在学校附近租房子，现在正好是暑假，这些学生一般会买很多衣架。"

经理在听到回答之后立刻有了一个卖洗衣液的好主意。他计算了一下，一个普通衣架的进价为 1 元每个，零售价为 1.5 元，而一瓶 40 元的洗衣液零售利润在 4 块钱左右，那这里为什么不搞一个捆绑营销呢？

接着，经理便将自己的这个想法传达了下去：买一瓶这个品牌的洗衣液，附带赠送两个衣架。

其实，在这笔交易中，消费者与超市都是受益方。超市的这款洗衣液跟衣架做捆绑销售能够让消费者花更少的钱获得这两样产品，而超市也能够从中获取一定的利润。

这只是超市众多捆绑销售中的一种，洗衣液搭配衣架的销售方法对某些急需洗衣液和衣架的人当然具备吸引力，但是，它也不光只是能够作用在这样的顾客身上。

我们不妨来做一个假设。

如果一个人只需要洗衣液而不需要衣架，又或是他只需要衣架不需要洗衣液，那他最后会不会买下这两种相互捆绑的产品呢？

答案当然是不能够完全确定。但是依常理来看，此人绝对会花时间考虑一下。为什么这么说呢？我们都知道，洗衣液和衣架都是家中常用的生活用品，不管他需要的是哪一种产品，在有优惠的前提下，他把另外一种产品买下来并不会对他的生活产生什么影响，毕竟这两样产品都不是什么大物件。所以说，只要他对这两种产品中的一种有需求，那他就很有可能考虑一并购买。

所谓的"销售整合"，大抵如此。

很多人不明白为何"销售整合"能起到作用，其实道理很简单。假如产品甲对赵六是必需品，而产品乙对他来说可有可无，那通常他会选择购买产品甲，而对产品乙视而不见。但是，如果超市能将这两种产品捆绑在一起卖的话，那只要产品乙对赵六还有点用，不浪费，相信他还是会愿意多花一点钱将产品乙抱回家做备用的。如此一来，超市的"整合销售"就见效了，虽然是以低价将两种产品同时卖出去了，但这种销售方式还是给它带来了利润。

其实，"捆绑式"的结盟不仅能应用到销售界，还可以应用到许多领域。

生活在信息社会，中国网民的数量已经突破六亿，数量居全球之最。相信大部分网民都有过这样的经历，当我们需要下载某一软件时会发现这款软件上还附带着其他的软件，比如说，下载一款免费的音乐软件，就必须要用到对方的浏览器或是其他的产品，在这种情况下，只要"搭售"的不是病毒软件，一般人都会选择接受。

毫无疑问，这种"捆绑"就是一种结盟，同时也是一种销售上的整合。这是产品与产品之间的结盟，同样，在现实生活中，人与人、公司与公司之间也存在着结盟关系。而这种结盟关系如果组合得当的话，也一定能够为结盟双方带来意想不到的效益。

装修公司A为客户提供房屋装修的服务，家具材料公司B为客户提供家具材料，这两家公司的口碑都不错。在一般的情况下，它俩应该是各干各的，互不相扰，除非客户提出要求装修公司A材料和装修全包的时候，装修公司A才会主动去找家具材料公司B。

如果这两家公司的管理者足够聪明，那他们势必会联合起来，进行销售整合。具体怎么操作呢？很简单，只要将装修公司A的"服务"和家具材料公司B的"产品"捆绑在一块，就能够实现彼此的双赢。

我们都知道，如果一个需要装修房子的客户找到这家装修公司A，且他对装修公司A的能力和口碑都十分满意的话，那么他对装修公司A搭售的"产品"——口碑同样不错的家具材料公司B——肯定不会心生反感和抵触。这样一来，这位客户就会同时选择这两样产品，那这两家公司不都盈利了吗？

反过来也一样。如果客户在家具材料公司B买了材料，然后准备再去找装修公司装修。那此时，和装修公司A结盟的家具材料公司B，完全可以向客户推荐装修公司A，并告诉客户，如果选择与他们合作的装修公司A，可以享受一定的优惠。最后，出于信任和实惠，相信客户都会选择装修公司A。

"捆绑"即结盟，这是一种独特的销售整合方式，它给我们的生活带来了巨大的便利。其实，不管是个人还是公司，只要我们懂得运用这种整合方式，那我们就完全不用担心自己会职场失意，或是商场失利。永远记住一句话，一个人之所以和成功无缘，或许不是因为他自身的能力不行，而是因为他不懂得如何兜售自己的能力。这句话不仅适应于个人，同时还适应于企业。

从"打牌"看资源配置：运筹之策

以上几节中的内容旨在揭示出生活中我们常见的一些"整合"现象。虽然常见，但很多人并不能理解这些现象的整合内涵。

那什么才叫整合呢？商界对此的定义是这样的：整合就是要优化资源配置，就是要有进有退、有取有舍，就是要获得整体的最优。整合的最终目的是产生 1+1 大于 2 的效果。

不可否认，在很多人眼里，"整合"似乎是一道十分复杂的工序，普通人都觉得自己的生活离"整合"很远。其实，有这种想法也很正常，因为人性向来如此，我们对那些自己不了解的事物往往会自动划清界限，保持一定的距离。但越是这样，我们越是要多一份勇气，因为"整合"能给我们的生活带来诸多好处，而且只要我们能将这些表面上看似复杂的问题简单化、细化，那再混乱的线团，我们也能从中找到关键的线头。

在我看来，整合就好比很多人经常玩的一种游戏——打牌。之所以说整合像打牌，并非胡编乱造，而是因为它们拥有两个共性。

第一个共性，整合和打牌一样，都需要系统的运算。

现在以全民都非常熟悉且喜爱的扑克牌游戏——斗地主——为例。我们都知道，一副完整的扑克牌共有 54 张，而在斗地主游戏中，一共有三个玩家，除了地主要拿 20 张牌以外，其他的两位玩家手上都有 17 张牌。这两位玩家站在同一战线，他们的最终目的就是仅凭各自的 17 张牌联手打败地主。

值得一提的是，在斗地主游戏中，玩家要想赢牌，最关键的是要学会算牌，毕竟知己知彼，方能百战百胜。三个玩家都不清楚对方手中握有什么牌，那若想"知彼"，唯有根据自己手上已有的牌和牌面上已经出过的牌进行计算，然后再猜测出双方手上的大致牌张。

第二个共性，整合和打牌一样，都需要一定的组合。

在斗地主游戏中，为了打败共同的敌人——地主，另外两个玩家必须走出眼前的一亩三分地，齐心协力，结成联盟，并学会组合自己手头上的牌。其实我们不难发现，结成盟友的这两个玩家，就好像是两个拥有各自资源的普通人一样，目的就是运用手上不如地主的"资源"与地主形成有力的抗衡。

这一点相信应该很好理解，面对一个能力出众的强人，两个能力平庸的人除了联起手来，学会合理的组合和计算外，还有什么更好的法子呢？

在现实生活中，这种事就常常发生在小企业身上。为了能够形成与大企业抗衡的格局，谋得一席生存之地，小企业往往会选择和自身面临同样困境的小企业结为联盟，然后利用各自的优势力挽狂澜。

总之，整合的关键就是系统的运算和组合，通过"打牌"这种例子，相信很多人已经能够很好地理解整合的涵义。明白了何谓"整合"后，我们就能在工作和生活中，进一步掌握这项了不起的技能，进而为我所用。

我们了解了整合的运算和组合特性，现在就要继续往深层次探索，如何才能做到系统的运算和组合，达到整合的最优化？

要回答这个问题并不难，首先，我们不妨来看一下团购美食这个例子。

某自助餐厅正在进行团购优惠活动，活动规定，团购人数 ≥ 4 时，每个人可享受八折；团购人数 ≥ 5 时，在享受九折的基础上，还能免费赠送一张票。也就是说，五个人团购，其中四人享受九折，另外一人可以免费，以此类推，六个人团购，其中五人享受九折，另外一人免费……

在正常情况下，这家自助餐厅的收费情况是：每人 50 元。

那么问题来了，如果小宁与朋友一行 16 人打算到这家自助餐厅消费，请问，他们该如何进行整合，才能花最少的钱让所有人都能吃到美食呢？

第一步，我们要先计算出这 16 人在正常情况下的花费。计算很简单，16 乘以 50，总共要花费 800 元。换言之，如果不团购，他们需要花费 800 元。

第二步，我们再进行一次组合，根据他们的人数，我们可以罗列出所有的团购选择。

第一种：16 人直接参与团购，那就是 15 人享受九折优惠，剩下一人免费，这样计算一下，他们总共需要花费 675 元。

第二种：以 4 人为一组进行团购，一共 4 组，如此一来，每个人都能享受八折的优惠，简单计算一下，他们总共需要花费 640 元。

第三种：以 8 人为一组进行团购，一共 2 组，那么将有 14 人能享受到 9 折优惠，剩余 2 人免费，经计算，他们总共需要花费 630 元。

第四种：16 人可分成 3 组进行团购，其中有两组每组是 5 人，第三组是 6 人。这三组各有一人免费，剩余的 13 人享受九折优惠，这样一算他们一共只需花费 585 元。

从以上的计算中，我们可以清楚地看出，第四种团购方案达到了整合最优化，所需的花费最少，小宁等人如果想为自己的荷包着想，最后理应选择它。

其实，这个简单的例子向我们传达的意思是，遇到需要整合的问题时，我们最好学会根据自身情况和外部环境进行组合和计算。

在整合的过程中，每个人都在进行头脑风暴，而一个懂得整合的人，其运筹帷幄、资源配置的能力绝对不可小觑，这种人往往能以最少的资源达到最佳的效果。当其他人还在抱怨手头上的资源不够，世界不公平的时候，他们早已先一步登上成功的顶峰。

第三章

欲整合别人，先盘点自己

所谓"知己知彼，百战不殆"，人生也要大致估算自己所拥有的资源。资源不仅有多寡之分，还有其他差别因素。如对不同的人不同的情况，每种资源具有不同的作用。有的是你安身立命的本钱，有的可以作为交换的筹码。主要参考标尺就是每个人自己的人生目标体系，有什么就用什么，缺什么就补什么。

攒成穷人，赚成富人

"我现在没钱""我还没攒够""还缺一些钱"，这些话是一些人在去做某些事情时的一些"逃避"借口。没钱、钱不够，所以他就有理由不去做应该做的事。很多时候，这反倒像是一种心理上的自我安慰。

其实，成为一个富裕的人是很多人的愿望，但我们也知道，世上穷人总比富人多。所以，很多人的愿望都因现实而落空。贫穷和拮据是由许多原因造成的，比如说自身能力上的不足、突然的变故等。而富裕的人一般都有一个共同的特点——会赚钱。

有人可能会对这句话产生疑问："富人当然是会赚钱的人了，不会赚钱的哪能当富人。"但我这里说的"会赚钱"其实还包含了一种对资金的认识，根据一项权威的调查显示，全球有 80% 的亿万富翁都是通过创业来实现发家致富之梦的。而创业需要什么——头脑、努力、资金。也就是说，创业需要资金，所以，这就关乎到一个人对待"花钱"的态度了。

中国在看待金钱上面与西方观念有着很大的区别。这在我们的老话中都能够得到体现，比如说"取之有度，用之有节""吃不穷，穿不穷，不攒不俭就变穷""债多压身"。这样的话反映的是中国传统中的金钱观，国人知道钱的重要性，所以在花钱上面也显得十分谨慎，不敢让自己陷入缺钱甚至借钱的境地，所以中国人的储蓄率一直排在世界前几名。

那我们就必须要思考这样一个问题：最会攒钱的人一定都是最富裕的人吗？

答案是否定的。攒钱或许可以让人衣食不缺，让人小富，但并不能令人暴富。

举一个简单的例子，假如张三手上有 10 万元现金，这是他工作三年后一点一点攒起来的。他选择将这 10 万元现金存入银行，然后继续攒钱。假如他每年能攒 3 万元，那么两年后，我们可以算下他的这笔钱到底有多少。两年后，他的本金达到了 16 万元，再加上银行每年 5% 左右的利息，也就是说，他工作了五年之后手上有了 20 万的存款。但这能让他做什么呢？他如果想在一线城市买房，那么他的存款可能都付不起一套三室的首付。

而与之相反，一些靠房地产赚钱的商人，他们不断地从银行中贷款建楼盘，为自己赚取庞大的利润。银行每年向类似张三这样的储户支付一笔很少的利息，房地产商们每年向银行支付数额并不高的贷款利率，而当张三们需要买房时，他们却需要向银行支付一笔数额庞大的贷款。

在这个资金循环链条中，"房地产商们"用"张三们"存的钱去建楼盘，然后以此为成本，从这些人身上赚取几倍的利润。由此看来，存在银行里的钱还有如此之大的价值吗？

挣钱然后攒钱，这是很多人的金钱观。当然，我们并不认为攒钱是一件错误的事情，关键问题是，一个人假如只知道一味地攒钱，那么在花钱的时候，他就可能会异常谨慎，甚至近乎吝啬。而此时，贫穷的思想也就出现了。

反观西方，《塔木德》中曾说，上帝把钱作为礼物送给我们，目的不是让我们攒起来还给他。而世上最会经商的名族——犹太人——也说过："没有钱或钱不够的时候你就去借，等你赚钱了就可以还。"在犹太人看来，穷人之所以穷，是因为他们把自己辛辛苦苦赚来的钱都攒起来了，而没有用它去创造更大的财富。这也是我们通常所说的"把活钱变成了死钱"。

很多犹太人世代经商，因为他们知道，靠替别人劳动挣来的钱永远都比不上去投资做生意赚得多。所以犹太人敢花钱，也能赚钱。而正是这种理念也让犹太人成为这个世界上最富裕的民族之一。

萨尔诺夫出生在纽约的贫民窟里，他的父亲是一家公司的普通职员，微薄的收入只能刚好保证家中的生活。但老萨尔诺夫从来没有灌输给孩子们什么"攒钱"的观念，在家中经济紧张的时候，他对孩子们的一些小要求也是有求必应。

在萨尔诺夫15岁的时候，他离开了学校，找了一份工作——在一家电报公司做杂工。在这家电报公司的日子里，萨尔诺夫时刻等待着机会，他不停地向前辈们学习无线电方面的经验，勤勤恳恳，不辞劳苦，很快他就得到了晋升，从一名杂工到电报员，从电报员到经理，最后他成为了公司的总经理。但萨尔诺夫并不甘心给别人打工，在1921年的时候，他贷款创办了自己的无线电台，创立了自己的公司，并开始贩售无线电器材，在当年就创造了8000万美元的销售额。

萨尔诺夫仍然没有满足，他继续乘胜前进，开始投资无线电器材的生产，并设立专门的开发部门。1926年，他创办了全国广播公司，任总裁和董事长。接下来，他又创办试验性全国广播电视台，到1947年时，他已经成为美国无线电公司董事长，是名副其实的亿万富翁。而他本人也被誉为"美国无线电广播之父"。

所以说，财富往往都不是攒来的，而是赚来的。现在很多富豪身价动辄上亿，这并不是说他们手上有上亿的资金或不动产，而是将他们所持有的一些股票、债券等也计算在内的结果。

股神巴菲特成为世界级富豪的秘诀是什么？不是将每一笔收入都装进口袋、存进银行，而是将收入转化成"汲水"的资源，进行投资，为自己赚取更多的、源源不断的财富。

不要再认为只有装进口袋里的钱才是你自己的，我们手上的钱最终的使命都是要流通出去的。不会花钱、不敢花钱只会束缚人的金钱观，使人变得畏首畏尾。所以，我们不妨学一下富人的财富积累模式，只要有想法、有方向，让口袋松一点又何妨，因为之后这样，才能让更多的财富流进我们的口袋。

天生我材必有用

在当今社会，如果要问什么才是最大的竞争力，那答案毫无疑问是——人才。我们要想成为人才，就必须努力学习知识技能，毕竟知识能改变命运，知识能使人获得财富，知识能使人变得高尚，知识能使人的生活充满阳光，知识能使人获得强大力量，冲破重重困境，最终走向成功的大门。

而一个人可以通过学习知识技能改变自己的一生，最显而易见的一个现象便是，很多用人单位在招聘人才时所加的学历限制，从直观意义上来讲，一个人拥有的学历越高，那么就代表他拥有的知识储备就越丰厚，而这样的人是更容易通过重重竞争，被用人单位委以重任的。

相信不少人都听过这么一句话："学好数理化，走遍天下都不怕。"其实，这里所说的"数理化"就是知识技能的一种统称，这句话的潜台词是，只要拥有一技之长，那不管我们走到什么地方，我们都能找到安身立命之所在。

可见，一个人所拥有的知识和技能便是他的资源。而事实上，知识技能类资源是很容易被人忽略的一项资源。有的人在穷困潦倒的时候，经常会仰天长叹道："我什么都没有。"

真的什么都没有吗？当然不是，在说这种丧气话的时，他们完全忽略了自身所拥有的知识技能类资源。

打个比方，一位汉语言文学专业的大四学生，当他还在学校念书尚未参加工作时，他确实没有可观的收入、财产，但这并不意味着他一无所有，他所拥有的专业知识就是他的资源。

我有一个朋友经商十年，去年因为市场原因做生意亏本，好不容易赚的钱全赔进去了不说，自己还负债几十万。

按理说，一般人在遭遇这种困境时都会一蹶不振，可他一点也不灰心丧气，因为他坚信自己有东山再起的能力。而这能力来自何方呢？自然是他这么多年混迹商场积攒下来的经商经验。

经验是什么，经验不是年龄的增长，而是人在参加工作之后对自己工作知识的积累、技能上的增长。一个人在某项工作上具备丰厚的经验就代表着他能够更快更好地接手这份工作，所以，经验丰富的人也是人才市场上的"抢手货"，正如我那位倾家荡产的朋友，不管他以后是选择找工作还是再次创业，他都能凭借着自己丰富的工作经验和知识技能重建江山。

我们每个人都或多或少拥有一定的知识和技能，那些成天抱怨自己什么都不会的人，完全是没有正确认识到自己的资源。

　　我们都知道，那些在乡下田地辛苦劳作几十年的农夫，他们虽然没有接受过高等教育，有的甚至连字都不识一个，但种起粮食来，有哪位高才生能比得过他们呢？

　　要知道，多年的农耕生活也让他们积累了不少的农业知识和技能，对于粮食的栽种、季节的更迭、肥料的种类等，他们一个个熟稔于心。

　　所以，不管我们的处境何等卑微和艰难，都不要轻易丢失希望，因为我们所拥有的资源永远比想象中的多得多。

　　另外，以上我们所说的知识和技能只是一种传统意义上的概念，其实真正的知识和技能的覆盖面十分宽广。

　　我们都知道现在有个词语叫作"灰色技能"，什么是灰色技能呢？我们不妨通过一个例子来具体了解一下。

　　小安大学毕业没多久，她的专业成绩普普通通，但她的性格却十分开朗，健谈的她和陌生人打交道从不怯场，认识她的人都说她像一朵向日葵，永远充满自信和阳光。

　　那么，从这方面来讲，小安就具备了一项灰色技能，她的性格、她的亲和力就是她的灰色技能。拥有这种"灰色技能"的她，非常适合从事一些与人接触频繁的工作，比如销售、记者等。

　　可以想象，如果小安无法发掘到自身的这些灰色技能，那么她绝对会成为"自怨自艾"一族，认为自己跟别人相比，没有任何的优势。其实，她只是暂时没有将自己所拥有的资源发掘出来而已。

　　当然，除了亲和力这种性格外，还有很多性格资源是人们不容易感知到的。

　　比如说，一个人想买车，但他手头上的资金不够，还需要向亲朋好友借一点。如果这个人性格浮躁，喜欢吹牛皮，那想必没有多少人愿意借钱给他。但如果这个人性格沉稳，为人非常可靠，那相信很多人都愿意为他掏腰包。这种沉稳踏实的性格就是这个人的灰色技能，如果他能在工作生活中多多利用自己这项资源，那他必然会因此受益终生。

此外，不光是性格，人身上还有一些其他的灰色技能。

著名的卡通大师，美国人迪斯尼，在年轻时曾经潦倒不堪，据说，他笔下的米老鼠形象还是在一间破烂的地下室里构思出来的，当时他在地下室里坐着，无意中看到几只老鼠堂而皇之地在房间里爬来爬去，米老鼠的形象顿时就跃入他的脑海当中，紧接着他就创造出了举世闻名的动漫形象——米老鼠。

有趣的是，迪斯尼年少时的梦想就是要当一名画家，但是他没有经过系统的专业训练，对一些艺术类的画知之甚少，然而，幸运的是，他拥有一项特别令人敬佩的灰色技能——想象力。他的想象力天马行空，特别适合卡通动漫的创作，米老鼠的形象正是他想象力的极致发挥。

从这一点上来说，想象力对于迪斯尼来说就是一项灰色技能，就是他的一项资源，而他也幸运地用到了自己的这项能力。

试问，假如迪斯尼早年认为自己身无长物，做了一名普通的流水线工人，那么他还能够利用自己的想象力而获得成功吗？

综上所述，我们一定要弄清楚一个事实，那就是每个人都像一个巨大的容器，有的容器里装满了学历和经验，有的容器里装满了灰色技能。

天生我材必有用，只要我们学会擦亮眼睛，就一定能在自己身上挖掘到过往没有察觉到的知识和技能类资源，然后再将这些宝贵的资源充分运用到工作和生活当中，最后让自己成为一个巨大的受益者。

好地方就在你身旁

我们每个人都生存在一个特定的空间内，经济富裕地区或者经济落后地区，城市或者农村，这些都是木已成舟之事，谁也无法推倒重来。而每个不同的地域都有各自不同的地域特点，所谓一方水土养育一方人，也正是因为这个原因。

有的地域是农作物生产区，农业发达，有的地域是工业城市，外来务工人口多，还有的地域交通便利，成为了有名的物流集散中心。而这些，都是它们各自不同的地域特点，古人常说因地制宜，所以从某种程度上来看，这些地域特点都是一种地利性资源，换句话说，好地方就在我们身旁。

说起好地方，就不能不提有着"桂林山水甲天下"美誉的广西桂林市了。众所周知，桂林的旅游业带动了当地经济的飞速发展，当时，桂林市为了保持城市的清洁形象，不得不将许多工业迁至其他省市，为此，桂林本地人口的就业受到了极大的影响。幸好桂林的风景在国内外都颇具盛名，源源不断的游客又给了他们新的就业机会，去过桂林的朋友们都知道，当地很多私人导游都是一些本地的桂林人，而且绝大多数是一些农民，他们世代生活在桂林地区。

这些人利用桂林的旅游资源干起了诸如导游、中介这一类的行业，不仅如此，有的人还在旅游景区外兜售一些本地特产和纪念品，更有经商头脑的则在景区外开起了餐馆、茶馆和旅馆，这些地方理所当然成为了游客们用餐、休闲和歇脚的最佳去处。就这样，聪明的桂林人利用当地的旅游资源，很快建立起了一条产业链，强烈刺激了当地经济的发展，也为自己谋了一份终身的工作。

很显然，这就是充分利用地域资源的一个典型代表。

其实，每个地方都有每个地方的特色，这种地域地利类特色对于每一个生活在本地区的人来说都是一种资源，而且这种资源取之不尽用之不竭。

唐代文豪柳宗元曾在《捕蛇者说》一文中记载道："永州之野产异蛇，黑质而白章。"这种蛇名叫银环蛇，能够入药，价格昂贵，所以古时候很多人家都抓它来代替赋税。某种程度上，银环蛇算得上湖南永州的一种奇异的特产。

很多人有所不知的是，永州位于湖南西南部，在交通不便的情况下，其经济主要依赖农业的支撑。刚开始，在很长的一段时间内，永州境地的这种"特产"并没有给当地人带来财富，大多数人只知道零散地抓些银环蛇去卖，偶尔赚点小钱，但随着市场经济的发展，很快就有人嗅到了银环蛇的无限商机。

第一个嗅到商机的人名叫谭群英，她是永州当地著名的企业家。谭群英是一位女强人，也是一位聪明的女强人，她始终觉得靠抓野生蛇贩卖赚不了大钱。不过有一天，细心的她注意到当地人很早就有喝药酒祛风湿的习惯，于是她突发奇想，决定对这种银环蛇进行人工繁殖，然后再加工成各种药酒。

2000 年，谭群英开始大面积人工养殖银环蛇，与此同时，她还机智地抢注了"柳宗元"这个商标，将柳宗元牌异蛇王酒打造成自己名下的王牌产品。虽然当地早已有过柳宗元蛇酒的商标，但都没有打出自己的牌子，谭群英为此还特地到长沙请一位享誉湖南的电视台主持人为自己的异蛇王酒代言。

事实证明，谭群英的想法是正确的。她生产出来的异蛇王酒不但在永州地区畅销，而且还成功走出了湖南，朝着全国市场进军。

最让人钦佩的是，就连中央电视台都对她本人和她推出的异蛇王酒做过专门的采访报道。

可以毫不夸张地说一句，谭群英在创业过程中，真的是将地域地利类资源利用得淋漓尽致。

首先，她瞄准了永州地区的特产——银环蛇，要知道，这种蛇虽然被当地人熟悉，但在其他地方却并不常见。所以，如果将其加工包装成药酒，那作为特产类的产品，肯定会很受外地消费者的欢迎。

其次，谭群英还充分利用到了当地的文化资源。柳宗元曾经被贬永州，在永州留下过许多著名的文章，因此，即便外地消费者不知道永州，但他们在读书期间一定都听过柳宗元这个名字，有的人甚至还学过《捕蛇者说》这篇文章。从这一点来看，用地域文化来给产品做包装，不收到奇效那才叫奇怪呢！

最后，谭群英请湖南卫视的节目主持人为自己的产品代言，这一点也是利用了湖南地区传媒的高度发达。试问，有谁不知湖南卫视在全国的影响力呢？

综上所述，谭群英的这三招招招契合了永州的地域性资源，而这种独特的地域性资源再结合她的娴熟运营，异蛇王酒自然顺利地走俏全国。

也许有人会说，像谭群英这样的创业需要大批资金的投入，对于没有充足资金的普通人来说，就算有商机无限的地域性资源摆在眼前也是枉然。

非也，非也，如果我们永远抱着这种想法，那只会离成功越来越远。

举一个最简单的例子，现在很多大学城附近都有一些贩卖二手书的店铺，重庆媒体就曾报道了一例下岗女工在大学城附近摆摊卖旧书年入十万的新闻。这位下岗女工的家在重庆某大学城附近,她发现很多大学生都抱怨这附近没有一家像样的二手书店,新书太贵,旧书市场又离得太远,所以这位下岗女工立马萌生了在大学城附近低价贩卖二手书的想法。

这也是一个典型的利用地域性资源的案例。下岗女工在没有资金、没有背景的情况下,很好地利用了免费的地域资源,从此开始自己轻松创业的旅程,如果她没有抓住那些大家觉得习以为常的事,那她也会错失发家致富的机会。

不知道大家有没有听过中国的一句古话:"抱着金碗要饭吃。"这句话的意思是,一些人明明有条件可以利用,但由于个人想法或者一些客观条件导致其没有利用到这些资源,反而哭贫叫穷,抱怨自己过得不好。

其实,好地方就在我们身旁,只要我们懂得利用地域性资源,我们身处的这一方水土就能造福我们自己,给我们带来巨大的商机和财富。

真的"物尽所用"了吗

现如今,很多年轻人在毕业走入工作岗位后,过惯了象牙塔内衣食无忧的安逸生活,渐渐地开始对工作和生活有诸多不满意。当今社会竞争激烈,生活压力与日俱增,如果不是为了养家糊口,很多人都不愿意替别人打工,每个人无时无刻不都在想自己当老板。这种浮躁的情绪让他们很难静下心来好好工作,一方面,他们痛恨自己不是富二代,另一方面,他们又怨恨自己遇不上贵人。

香港著名歌手许冠文曾唱过一首关于打工族的歌——《半斤八两》,这首歌曲唱出了这些打工者的心声:"一生一世为钱币做奴隶"。然而，尽管打工的生活并不尽如人意，但我们必须认识到，打工是大部分人的人生必经之路，很少有人天生就是当老板的，很多老板都是从打工者的身份走过来的。

很多打工者认为自己缺少成功的资源，可事实真的如此吗？首先我们必须要搞清楚一点，那就是任何公司都是以盈利为目的的，员工存在的目的就是为了替老板分忧解劳，创造价值，毕竟，员工也是要依靠老板吃饭的。但是如果我们只看到这条简单的关系线，那么就大错特错了。

很多人没有注意到的是，老板在利用我们创造价值的同时，其实也礼尚往来，给了我们一个良好的发展平台。要知道，我们不是在一个封闭的环境下替老板工作的，我们在工作的过程中，势必会接触到公司的一些项目，也能够了解公司的一些运营情况，老板能够让我们在公司这个范围内得到锻炼，也就是说，老板其实是给我们提供了一个舞台。而这个舞台就是我们的渠道性资源。

如此看来，打工者们并非缺少成功的资源，他们只是没有看到，资源一直就在自己的身边。

相信很多人都听过"唐骏"这个名字吧。唐骏是中国名声赫赫的"打工皇帝"，更是中国最出色的职业经理人，在他一生中的绝大部分时间，他都只是一名高级员工而已。但是他的打工之路并不像一般人那样平凡，1994年，他开始在微软工作，他是微软公司历史上唯一两次获得比尔盖茨杰出奖最高荣誉奖的员工，不仅如此，他还获得微软公司的杰出管理奖，并被微软公司定为未来微软公司的未来领袖之一。

从唐骏的这份出色的履历中，我们可以看到，他总是把自己工作过的每一个平台当作自己的跳板，然后纵身一跃，跳向一个更好的发展平台。

不可否认，公司有大有小，但这并不妨碍我们在里面茁壮成长，因为每一家公司提供给员工的资源都是大同小异的。

　　首先是经验资源。

　　这是一种必然会获得的资源。不管我们在哪家公司，也不管我们从事哪个行业，我们都能在公司这个平台上获得学习和实践的机会，在学习和实践的过程中，我们势必会不断累积自己的工作经验。而我们都知道，用人单位衡量一个人是否是人才，一不看学历，二不看口才，而是看其是否有圆满完成类似工作的经验。

　　由此可见，经验对于每个需要在职场奋斗的人的重要性是不言而喻的。很多应届毕业生之所以会面临"毕业即失业"的窘境，归根结底还是因为"缺经验"，许多公司都不太愿意花时间、精力和金钱去招聘一个不会"工作"的人。

　　既然如此，那工作经验又是从何而来呢？当然是通过在公司中工作获得的，换句话说，我们获得工作经验的唯一渠道就是工作。所以，不要再抱怨自己不停地给老板创造财富，自己拿的薪水却少得可怜了，起码我们能在当前的工作中获得宝贵的工作经验，仅凭这一点，我们就应该对老板心怀感激。

　　其次是人脉资源。

　　人脉是金，却贵甚黄金，因为黄金有价，人脉无价。人脉资源是一种潜在的无形资产，是一种潜在的财富。

　　人脉资源是如此的重要，如果我们不参加工作，不进入职场，那么我们接触到的人肯定会少很多。而在一家实力雄厚的公司里，我们每天不仅能够接触到身边几十上百号同事，还能源源不断地认识本行业内最出色的人才。这些人都是宝贵的人脉资源，如果日后我们在工作或生活上遇到困难，那说不定这些人脉资源就能为我们雪中送炭。

再次是业务资源。

业务资源指的是我们工作时通过完成业务获得的一些资源，比如说一名优秀的推销员，他的工作是向客户推销自己的产品，如果他能成功地争取到客户把自己的产品销售出去，那他的客户自然也就成了他的业务资源。

我们都知道，在当下社会，很多出色的企业家都是做销售出身的，他们之所以能开创属于自己的一番事业，很大程度上都得益于当年工作时积攒下的业务资源。

最后是口碑资源。

我们这里所说的口碑资源是指一个人获得别人认可的程度。一个人如果获得很多人认可，这也就代表其口碑资源丰富，而这种拥有良好口碑的人，往往是所有猎头公司的青睐对象。

俗话说得好，是金子总要发光的，尤其是在公司提供给我们一个平台后，我们的满腹才华才有了一个任意施展的好地方，我们的好口碑也开始慢慢打造成型。所以说，为公司工作其实也是在为自己攒资源，一个在业界拥有良好口碑的人，又何愁找不到可以稳定栖身的良木呢？

说了那么多，笔者只想告诉每一个人，当我们辛辛苦苦为公司为老板打江山时，我们最终收获的绝不仅仅是那微薄的薪水。公司作为一种绝佳的发展平台和渠道，能够为势单力薄的我们提供许许多多成功的资源。

而这些资源就在我们身边，就在我们的工作当中，只是想要发现这些资源，我们就必须先正确认识这些资源的存在，虽然现阶段的我们只是一名普通的员工，但只要我们还憧憬有朝一日翻身做老板，那我们就必须向老板看齐，在时机尚未成熟之前，物尽所用，整合利用自己所拥有的一切资源，然后静心等待成功的到来。

最恐怖的"声"化武器

朋友雅月年轻的时候，常常混迹于各大网站论坛，作为天涯、豆瓣及薄荷网的常客，她关注的话题远跟美容护肤、饮食内调、中医养生等脱不了关系。

而在这些话题中，她尤为关注的当属护肤品、花茶、五谷杂粮和中医的口碑，网友们齐声说好的一个产品品牌，她才愿意花心思去了解它们，去尝试它们；网友们极力推荐的某位中医，她才敢不远千里，去寻医问诊。

其实，像她这种心理再正常不过了，为什么这么说呢？这里边牵扯到了两个非常重要的词汇，那就是口碑和声誉，换句话说，无外乎就是我们对某件物品或是某个人的信任度。

美国强生婴儿用品在出现质量危机的时候，很多人纷纷放弃强生，转投以"温和"著称的国货护肤品的怀抱，其中就以老牌国货郁美净的呼声最高。

大家选择郁美净的理由非常简单，就是因为它拥有良好的口碑和声誉，作为老国货中的一员，郁美净拥有悠久的品牌历史，许多消费者都是用着它长大的。既然历史悠久，口碑和声誉自然也相对不错，不然不会屹立那么多年都不倒，也不会拥有那么多忠实的粉丝。

一旦好口碑塑造成功，那就如同"桃李不言，下自成蹊"了，其他从未用过郁美净这个产品的人，只要听说它的口碑和声誉都不错，自然会对其趋之若鹜，爱不释手。

从另一个角度看，消费者其实是在通过"口碑"和"声誉"这两张特殊的名片，来认识一个自己并不熟悉的产品，从而了解它的性能和效果，看看它有没有副作用。

总之，良好的口碑和极佳的声誉就好比一纸诚信保证书，它就是一颗能让人们大胆消费产品的定心丸。

既然各类产品都有口碑和声誉这一说，那么我们人呢？答案当然是毋庸置疑的，我们每一个人都有属于自己独特的"口碑"和"声誉"，只是这"口碑"和"声誉"有好有坏，其内容也不尽相同。

举个简单的例子，说起投江自尽的楚大夫屈原，很多人油然而生的应该是一股发自内心的崇敬之情。众所周知，屈原为人正直，在遭遇奸人陷害之后，他被流放到边远之地，后因深感国家无望，心灰意冷之下，不愿与权贵同流合污的他，长叹一声"众人皆醉我独醒"后，义无反顾地跳进了汨罗江。

自此，在人们的心目中，屈原就成了"爱国"和"正直"代言人，他为自己打造的好口碑和好声誉使得世人至今对他念念不忘，每逢端午节，必定以吃粽子、划龙舟等方式追寻他的高尚品格。

许多不了解屈原的人，也正因为众人的交口相传，透过屈原"爱国""正直"的口碑和声誉，借由这种强有力的名片，来了解他的性格特质，摸清他的为人处世，洞识他的内心世界。

由此可见，口碑和声誉其实就是一种资源，倘若屈原还在世，那想必他能凭借这种资源获得人们的爱戴和追随，从而在政治上有所作为。

而要是放到现在，如果我们拥有良好的口碑和声誉，那这种宝贵的资源无疑能让我们在人际交往中获得别人的信赖和喜爱，从而给我们的工作和生活带来诸多便利。换句话说，良好的口碑和声誉，就好比是最厉害的"声"化武器。

曾经在网上看过一个故事。

在法国大革命期间，愤怒的人们冲进了巴黎的监狱，仅凭这股如海浪般的人流，就足以把监狱里的贵族和神甫踩成肉泥。

当这些人纷纷惨死在民众狂热的情绪下时，一个名叫毛诺的平民，在一片腥风血雨中，突然发现了西卡尔神甫。

早在很久之前，毛诺就曾见过西卡尔神甫，深知他的为人和声望，并且知道他把自己全部的心血都奉献给了残疾人的教育事业。毛诺心想，这样宅心仁厚的一位神甫，无论如何，他都要竭尽全力护其周全。

于是，就在众人向西卡尔神甫蜂拥而来时，毛诺突然抬手一扬，拼死拦住众人说道："这是西卡尔神甫，一个正直善良的公民，请大家不要伤害他。或许你们都不认识西卡尔神甫，但我知道，他是我们这里最仁慈、也是对人民最有贡献的一个人，他把自己的爱毫无保留地献给了我们身边的残疾人，我们不能残忍地伤害他！"

狂热的众人听了毛诺的话，立马停止了攻击，他们快步朝西卡尔神甫走去，争相与他拥抱。事后，他们还把西卡尔神甫抬起来，安全地护送他回家。

从这个故事中，我们可以看出，在危险时刻，一个人的口碑和声誉是有保命的作用的。

在口碑的建立和声誉的形成过程中，西卡尔神甫无疑下了很多苦功夫，他将自己的一生都奉献给了残疾人的教育事业，这是一般人都难以做到的。

仅凭这一点，人们就能触摸到他善良的心地和仁慈的灵魂，并自此对其心怀爱戴和敬意，任何时候都不忍心伤他一根毫发。

当然，口碑和声誉不仅局限在一个人的人品，它所涵盖的范围非常广，比如工作能力、行事方式、工作风格、兴趣爱好等等。说到底，口碑和声誉若想变成作用于他人的"声"化武器，那还得有针对性的打造。

　　具体来讲，假设我们现在的身份是一个销售员，那我们就必须在客户圈中建立诚信可靠的口碑，只有这样，我们才能赢得对方的好感和信任，愿意和我们洽谈生意。

　　现如今，很多人抱怨自己缺少资源，想干大事总也干不成。其实，资源是俯拾皆是的，关键还是要靠我们自己去挖掘。

　　要知道，我们每个人身上都有许多可供开发的宝贵资源，其中口碑、声誉、背景和底蕴都是极富有杀伤力的"声"化武器。而我们行走社会，混迹职场，都离不开这些资源的鼎力相助，所以，停止无谓的怨天尤人，赶紧行动起来吧！

每个人都有一双隐形的翅膀

　　20世纪60年代，美国心理学家斯坦利·米尔格兰姆（Stanley Milgram）曾经提出过一个"六度人脉"理论，所谓六度人脉是指：地球上所有的人都可以通过六层以内的熟人链和任何其他人联系起来。通俗地说，只要我们愿意，最多通过六个人，我们就能够认识世界上的任何一个陌生人。

　　这个理论的出现，掀起了人脉关系学领域内的一次革命。这个理论告诉我们，只要我们愿意，我们可以利用自己的人脉资源，为自己插上一双隐形的翅膀，而借助这双翅膀，我们便能朝成功奋力飞去。

　　众所周知，每个人从一出生就具备了一个复杂的身份，首先，我们是父母的子女，等到我们长大走进学校，我们成了老师的学生，再长大一点，我们又会成为一些人的朋友。参加工作后，我们会是别人的同事，老板的下属，等我们拥有了自己的爱人后，我们还会成为孩子的父母。

人的一生都处在一个极其复杂的关系网中，这种关系网是形成我们生活轨迹的基本框架。毫无疑问的一点是，生活在社会当中的人们都或多或少具备一定的人脉关系类资源，外向开朗、擅长交际的人，自然朋友遍布天下，而内向羞涩、不擅交际的人，再少也会认识几个朋友。总之，一个人若想借助这种人脉关系类资源获得成功，就必须尽早认识到自己所拥有的人脉关系类资源。

做过销售的人都知道，如果我们拜访的是陌生客户，那么要让他们建立起对我们的信任感是一件费时又费力的事情。所以，与其贸然拜访陌生客户碰一鼻子灰，我们还不如利用已有的"关系网"，在这张网的基础上进行"编织"，我们的网势必会扩大得很快。这跟蜘蛛结网是同一个道理，在旧网上织一个新网总要比重新织网要快得多。

认识到这一点后，当我们在发展客户时，不妨尝试着拓宽一下自己的眼界，充分利用已有的人脉关系类资源，如亲朋好友、同事、同学、校友、邻居、商业伙伴或是以前的客户等等，但凡是能扯得上一点关系的人，我们都可以通过其发展扩大我们的"关系网"，就像"六度人脉"理论所描述的那样。

人脉关系类资源就是这般奇妙，我们越是觉得它有用，那么它就越能帮助我们实现成功的梦想。通过自己的朋友和熟人，我们可以在认识陌生人之前多一份"信任担保"，这种信任担保比贸然地去拜访要管用得多，做起事情来当然也就更加顺利。反之，假如我们对人脉关系类资源不屑一顾，不把它放在眼里，并执意凭一己之力独闯难关的话，那撞到南墙也是意料之中的事。

总之，我们通过现有人脉结识了一个朋友，那这个朋友就成为了我们的熟人，他又能给我们介绍新的朋友，只要这种良性的人脉网络一直发展下去，我们会发现，有一天，我们做任何事情都不用担心找不到合适的朋友寻求帮助。

师越之大学毕业后如愿进入一家银行工作。在很多大学同学的眼里，师越之就是一个奇葩，他上课时从不认真听讲，成绩自然也就一般般，可就是这样一个普普通通的人，竟然在学校里拥有不一般的好人缘。

参加工作后，师越之每日所做的工作并不复杂，也就是负责解决客户的一些咨询问题。日子久了，他越来越不甘心如此平庸地工作下去，于是两年后，他揣着努力工作攒的一点钱，跑到一所大学的 MBA 班报了名。

对于他的这个决定，身边的朋友和亲人都表示很不能理解，毕竟他也老大不小了，这点钱应该留着以后买房子结婚，怎么能一时脑袋发热，把辛辛苦苦省下来的钱拿去交学费呢？

然而，亲友们的反对并没有浇熄师越之读 MBA 的热情。在银行工作四年多后，已经拿到 MBA 的他，果断选择了创业。首先，他的创业资金是从以前工作过的银行贷的。其实，刚开始他和很多人一样都对创业知之甚少，具体的操作步骤和流程，全是他在读 MBA 时认识的一位同学告诉他的。而且，他的同学中有很多人在工商局和税务局都有熟人，他正是通过这些人的帮助，才轻轻松松地办起了属于自己的公司。

后来，师越之的公司需要招聘人才，刚好他之前在银行工作交好的一个同事的老婆是一家猎头公司的主管，通过同事老婆的帮助，他很快就组建了一个人才济济的强大团队。

之后的事情就更不必说了，在他的一帮朋友的帮助下，很多创业者面临的问题，在他面前都变成小菜一碟，没过几年，他的公司就步入了正轨，生意越做越大，朋友也越来越多。

相信师越之的经历能给很多人带来启发，毫无疑问，师越之是十分懂得利用人脉关系的，他对自己的人脉关系类资源进行了主动挖掘和扩充，通过自己对人脉关系类资源的有效管理和维护，他的资源越来越广，也越来越多。

中国自古以来就是一个人情社会，古人很早就对人脉关系类资源有了一番深刻的认识，我们每个人几乎都知道"朋友多了路好走"这个道理，可知道归知道，要想获得成功，我们还得更勤快一点，这里所说的勤快，具体就是指我们要对手头上的人脉关系类资源不断进行开发和管理。

不要再说自己不具备人脉关系类资源了，前文早已提过，每个人都处在一个关系网内，每个人都有父母、亲戚、朋友、同学等，父母的人脉、亲戚的人脉、朋友的人脉、同学的人脉等等，这些都可以成为我们的人脉关系类资源。当然，这些人脉关系类资源还是十分有限的，为了能广泛地开疆辟土，我们自然少不了对其进行合理的开发和管理。

首先，我们要走出自己的一亩三分地。世界如此广阔，除了家庭、公司和同学圈外，我们还要多参加一些社交活动，比如靠兴趣维系的俱乐部、商业聚会，哪怕是跟别人下下棋，我们也能认识一大群棋友。要知道，守株待兔是等不来丰富的人脉资源的，当山不过来时，我们就必须朝山走去，说到底，人脉资源还是要靠我们自己努力去挖掘。

其次，熟人介绍是拓展人脉圈的最好办法。假设一个人有十个朋友，而这十个朋友每个人各自也有十个朋友，那么通过朋友介绍，我们很容易算出来，经过一次拓展之后，这个人将拥有一百个朋友。再继续拓展下去的话，那么，我们的人脉数量将呈现几何倍的增长。

此外，当我们不断扩大自己的人脉圈子后，我们就好比为自己种下了一片森林，而想要森林里的每一棵树木都长势喜人，那我们就必须精心培育和管理。其实，管理人脉资源并非多大的难事，只要我们懂得一些最基本的交流技巧，彼此之间常见面，多联系，每逢节假日为对方送去祝福，那日久见人心，对方肯定会逐渐感受到我们的耐心和用心，从而与我们建立良好的人际关系。

给你一对隐形的翅膀，你会飞吗？

别让机会困死在摇篮

马其顿国王亚历山大大帝在一次战斗结束后，有人问他，是否等待下一个机会来临，再去进攻另一座城市。

亚历山大大帝对此嗤之以鼻："等待？机会是要我们自己去创造的。"

此话简直是真理。天上从来不会白白掉馅饼，机会往往还是要靠每个人去争取的。在当今社会，不少年轻人在面对激烈的竞争时，总是表现出一副失落绝望的样子，他们常常抱怨老天爷不给力，抱怨自己没有优越的家庭条件，抱怨机会从不降临在自己身上。这种人说到底还是太过懒惰，失败是迟早的事。

其实，认为自己没有机会的人，实际上并非缺乏翻身的机会，而是缺乏发现机会的卓越眼光。在这个世界上，机会是无处不在的，只要我们不守株待兔，只要我们不祈求他人施舍，只要我们能充分利用自身的一些资源，那最后我们就一定能够发现机会，掌握机会。

不要忘记我们每个人本身就是一座巨大的宝库，我们可以将自身的资源和条件比作是一种机会条件，每个人身上都会有这种机会条件，这一点是毋庸置疑的。

有一个名叫杰克的小男孩，他的父亲是一所大学的教授，母亲则是一家公司的经理。杰克从小的梦想就是成为一名出色的记者，父母对他向来是百般宠爱，自然全力支持他的梦想。

其实，按照杰克良好的家庭条件，再加上他本身资质也非常出众，他是完全可以实现自己的梦想。熟悉杰克的人都知道，他是一个非常健谈的男孩子，说话的声音也格外清脆动听，不仅如此，他在和陌生人聊天的时候，从来不像别的小孩那样羞涩、胆怯。为此，杰克还经常跟朋友们吹嘘："只要能给我一个当记者的机会，我一定能拿普利策新闻奖。"

可说归说，杰克为了自己的这个梦想又做了些什么呢？

虽然他的声音蛮好听，但是他的语速一直很慢，偶尔紧张的时候还会结巴。父亲为了让他变得更优秀，离自己的梦想更进一步，经常劝他参加自己学校的语言培训课程，可杰克却相当不以为然，他总觉得自己的语言表达能力已经够出色了，完全能胜任记者的工作，根本不需要再花时间去练习。

拒绝父亲的建议也就罢了，可当母亲多次动用人脉给他提供媒体实习的机会时，他也总是找各种借口推辞。在他看来，母亲为他介绍的那些电视台和报社的覆盖面积都太窄了，在那些地方实习没多大挑战性。

就这样，时间一天天的过去，杰克已大学毕业快一年了，但他终究还是没能得偿所愿。无奈之下，他只好放弃自己最爱的金话筒，选择了另一份职业。

按理说，杰克那么好的条件不应该摊上梦想破灭这种倒霉事呀，问题究竟出在哪里呢？答案其实呼之欲出，那就是杰克没有利用自己的信息资源抓住宝贵的机会。

父母给他的建议他不理会，自己又不改善短处，还不愿意在小的平台上增加经验，失败是注定的事。试问，有哪家大的媒体会招聘一个毫无经验的人做记者呢？

可以说，像杰克这样的男孩子，放眼望去，属于他的机会满地都是，但最后他却没有抓住一个，活生生把机会困死在摇篮里。

当然，杰克的家境还不错，他所能够获得的信息资源远确实要比普通家庭的孩子多得多，但这并不意味着一个没有殷实背景的人就找不到属于自己的信息资源。

我们都知道，人最特别的地方在于其拥有主观能动性，举个简单的例子，一个在富裕家庭成长起来的孩子和一个在贫困家庭中成长起来的孩子，他们在找工作或者是创业时所拥有的信息资源存在着先天性的差别，但是这种差别并非不能弥补，只要后者能多加努力，最后一样能斩获成功。

诚然，如杰克这般的男孩，他们拥有丰富的信息资源，父母在帮助他们实现梦想的过程可以起到很大的作用，但杰克最后却没能实现自己的梦想，这是因为他将机会困死在摇篮里。

相反，在贫困家庭中成长起来的孩子，他们先天性的信息资源可能比较少，但是他们可以通过自己的独立摸索，慢慢积累，最后获取大量的信息，而每一条信息都可能是一种"鲤鱼跃龙门"的机会。

总之，信息就是机会，因此，假如我们拥有足够多的信息的话，那就应该卯足劲，充分利用这些信息，借力做强做大。

不管是谁，离开信息的支撑，都很难创建一番伟大的事业。相信很多创业者都听过一个专业词汇"创业者信息资源"，这个词汇的意思是指创业者在创业之前和创业过程中所涉及的一切文件、资料、图表和数据等信息的总称。它涉及创业活动过程中所产生、获取、处理、存储、传输和使用的一切信息资源，贯穿于创业的全过程，能为创业行为与新创企业生存与成长提供价值。

此时，如果某人具备某特殊产业的专业知识，同时还熟知与此特殊产业相关的所有信息，比如竞争对手、合作商、客户等，那他无疑拔得头筹，具备了创业的机会，并且这种机会几乎是独一无二的，不是谁都能随随便便轻易获取的。但如果他忽视了这些信息资源，那等于其亲手将宝贵机会扼杀在摇篮。

由此可见，人人都拥有一些具备机会价值的信息资源，只要我们凡事多留点心眼，善于利用手头上的信息资源，那我们总能为自己打开机会的大门，最后和成功热情相拥。

第三章　欲整合别人，先盘点自己

第四章

表面是缺资源，实际是缺观念

  一个国家或企业的贫困，并非缺乏资源，而是观念和资源配置方式的落后。同样的，一个人之所以潦倒，并非缺乏机会，而是缺乏合作共赢的思维，不懂得整合可以整合的力量去壮大自己。

舍得有限，赢得无限

俄国作家托尔斯泰写过一则短篇故事：

有一位农夫，他每天早出晚归地耕种一小片贫瘠的土地，可收成却少得可怜，有时候家里温饱都成问题。

一位天使看到农夫，可怜他的遭遇，于是对他说："只要你能不断往前跑，你跑过的地方，不管有多大那都是你的。"

于是农夫开始兴奋地往前跑，他想拥有更多的土地，所以即使是累了，他也不想停下来休息，一想到家中将会有一块非常大的土地，他就告诉自己，一定要跑到最多。最后的结局甚是悲哀，这位农夫累死在了奔跑的路上。

这位农夫的遭遇其实证明了人性中的一个弱点，那就是大多数人的贪欲都是没有止境的。贪欲不光指人对资源和物质的一种无限追求，也是指对本身资源的一种吝啬。贪婪的人不光会想去获得更多，还可能想尽量付出更少，也只有这样，才能实现他们的内心目标：积累足够多的资源。

但在现实当中，持有这种价值观的人是很难达到自己的目标的。古人也曾说过："鱼与熊掌不可兼得"，人生路上必定是有得有失。资源永远都处于一个循环流动的过程当中。对于整合来说，懂得放手让资源流通则更为重要。

看过美国励志电影《当幸福来敲门》的人一定记得电影中有这样一个情节。

已经而立之年的主人公克里斯·加德纳，在28岁的时候他才第一次见到自己的父亲，从小缺少父爱的他发誓要让自己的孩子过上好生活。但是现实却让加德纳压力重重，他事业不顺，生活潦倒，只能每天奔波于各大医院，靠卖骨密度扫描仪为生。他有着极为精明的头脑，但却苦无门路。

有一次，他从一个开着法拉利的成功人士口中打听到，对方原来是一名股票经纪人，于是，加德纳就下定决心要做一名股票经纪人。后来他申请到某股票公司做实习生，在这个过程中，他认识了其中的一位主管托斯特尔，并且通过托斯特尔的关系进入公司。

但接下来的考验却让加德纳犯了难，因为公司提供给他的只是一个实习岗位，与他一同进来的还有另外19个人。在六个月实习期间没有任何薪水也没有补贴，他想留在公司那就必须在这20人当中脱颖而出。加德纳犹豫了很久，最终还是决定进入这家公司实习。

电影的结局想必大家都知道了，加德纳靠着自己的努力和天赋获得了这个宝贵的工作岗位。

电影中这处情节也是最吸引人的，当时的加德纳口袋空空，身上最少的时候仅剩下五美元，并且他还有一个儿子需要抚养，但是他最终做出了牺牲。这部电影改编自一个真实的故事，这个故事的主人公也叫加德纳，他后来成为了美国的一名百万富翁。

加德纳想获得这家股票公司的工作岗位，他有能力，所需要的只是平台资源，有了平台资源，他才能够施展自己的才能，实现自己的梦想。

　　但是，正如电影中所看到的，在转正之前，他必须要经历6个月的实习期，而且完全没有收入来源，这对他来说无疑是一种巨大的付出，因为如果他用这6个月的时间去干一些简单的工作，那么收入至少可以保证他和儿子的生活，但他没有这么做，他付出了这六个月的时间资源以及可期待的工资收入，而最后，他也获得了他一生中梦寐以求的财富。

　　这是一个付出与收获的过程。有多少人怀抱着手中的一点点资源，不舍得将这有限的资源交到别人手中，正如一句话所说："越会花钱的人越有钱。"会花钱的人知道将这有限的资源进行整合，尽管资源可能会从自己身边离开，但是它却能够带来更多的资源，舍得有限的资源，才能赢得无限的资源。

　　所以说，穷人穷在脑袋，富人富在心态。富人把花出去的资源当成是一种投资，与人吃饭、疏通关系、提升自己、投资生意，这些无一不要资源，但投出去这些资源之后，他们收获的是朋友的信赖、客户的青睐、一流的人脉，这些让他们赚钱的方式变得更加通畅。当"资源投资"带领"资源回报"步入了正轨，当"资源整合"已经形成了一个良性循环的系统，那么有资源的人当然能够拥有越来越多的资源。

　　再次提及那句话："资源如果不用那就等于是荒废，资源如果能够活用，就会形成几何量级的增长。"只有舍得将自己手中的资源暂时放弃，才能够让它为你带来更加丰满旺盛的其他资源，就如同一个想要获得蜂蜜的人，如果他不懂得将鲜花送给蜜蜂采撷，那蜜蜂们又怎么会为他创造更香更甜的蜂蜜呢？

只需做好一个环节

很多时候，当我们走在城市的街头时，只要稍微留意一下周边的景色，我们就会发现，马路边上的一棵树明明长得茂盛喜人，绿化工们却非得操起大剪子，将树上的一些枝丫剪掉，最后这棵树就剩下光秃秃的树干。

而绿化工们为什么这么做呢？他们的行为是不是在破坏这些可爱的大树？当然不是，其实他们之所以这么做，是因为他们想帮助这些树长得更好更健康。

我们都知道，在高楼林立的城市里，土壤的养分和含水量是非常有限的，完全不能和原始大森林里的土壤相比。在这种条件下，如果绿化工们不将这些枝丫剪掉，那这些树就会很难成长起来，因为一棵树的侧枝越多，树木的养料汲取就更分散，主干汲取到的养分就越少，试问，缺乏营养的树木还能长高吗？

其实，人的成长也是这么一个理儿。如果一个人想要获得更好的发展，就要"术业有专攻"，不能把自己的手脚伸到太多的领域内去，毕竟人的时间和精力都是十分有限的。所以，我们只需做好一个环节，在这个环节内做自己最擅长的事情，因为只要我们有了自己的强项，就不怕吸引不了资源整合的对象。

早些年前，不少人曾喊过"综合人才最难得"的口号，这句口号的潜台词是，如果一个人能掌握多项技能，那么他一定会比那些只握有单一技能的人更有前途，更受人才市场的欢迎。

不可否认，这句口号并非完全没有道理，比如在职场上，企业管理者肯定希望自己的员工能身兼数职，毕竟这样能将资源利用最大化，从而为企业创造出最大的价值。

可是，这句口号也不全然对，因为它忽略了一个特别重要的前提，那就是人人的时间和精力都是有限的。如果我们想要多方面发展自己的才能，那很可能就会出现"样样懂但样样庸"的情况。

打个比方，一个人兴趣广泛，他喜欢踢足球，也喜欢打羽毛球，还喜欢拉二胡、跳街舞，可是他的时间和精力毕竟是有限的，如果他想精通自己的每一个兴趣爱好，毫无疑问这只会让他分身乏术。

总之，如果我们不能专注于某一个领域，不能安心做好某一个环节，那虽然我们可以说这些技能自己都拥有，但是我们绝对不能打包票说自己是其中任何一个领域的翘楚。

由此可见，一个人与其门门涉猎，还不如一门精通，因为只有强项在手，才能够让人记住我们。

张欣在一家大型食品公司的企划部门工作，最近，公司领导交给她一个任务，让她联系一家有食品广告制作经验的文化传播公司，然后将其作为本公司的长期合作伙伴，以后只要有业务宣传的需要就找这家公司。

没过多久，张欣就找到了两家都有过食品广告制作经验的文化公司，并详细进行了了解。第一家公司的规模比较大，而且业务很多，除了做食品广告，他们还做汽车销售的推广、医疗产品的推广，最重要的是，这家公司的名气也很大。而第二家公司的规模相对比较小，公司只有二十多个人，实力明显不如前者。

"你们凭什么接下我们公司的活？"这是张欣抛给两个公司负责人的问题。

第一家公司的负责人回答："首先，我们公司成立早，经验足，不但有过食品广告的制作经验，而且在很多方面都有卓有成效的涉猎；其次，我们公司也是人才济济，曾经有好几份广告作品获得过广告界的大奖……"

这位负责人说了很多，但是张欣却只是点头不语。轮到第二家公司的负责人说话了，只见对方拿出一摞资料，递到她的面前，自信满满地答道："我们公司只做食品广告这一个项目，这里是我们所有的成功案例。您有兴趣可以看看。"

张欣嘴上不说，但其实心里早已经敲定了答案。没错，她选择了第二家公司，因为在她看来，第一家公司的实力虽然很雄厚、业务领域也很宽广，但是她需要的只是食品领域的广告，所以不管它拿过什么奖，那都跟食品广告无关。

其实，不论是企业还是个人，都应该在有限的精力和时间下，专心致志地做好某一个环节，因为只有这样才能在激烈的市场竞争中获得一席生存之地，不仅如此，这同时也是成功进行资源整合的关键所在。

正如上文说提到的第二家公司，虽然他们涉及的业务范围并不是很广，但却能在食品广告的领域有所建树，这就是他们最大的竞争资本和整合资本，所以他们才会受到张欣的青睐，使得张欣愿意和他们进行资源整合，将自己所在公司所有的广告制作业务全部交给他们。

没错，别人能够记住的只有我们的强项，只有当我们的强项令别人折服了，别人才能放心地选择我们作为资源整合的对象。

当然，一个人能成为一名多面手固然是一件好事，可是我们终究还是要明白，一个人的精力和时间是有限的，我们每个人都只有一个脑袋、一双手，每一天都只有二十四小时。尤其在资源整合的过程中，如果我们的想法泛滥，什么事情都想插一把手，哪一个环节都不想放过，那最后的结果往往是一事无成。

所以，与其这样，不如大胆放手，将其他的环节交给别人，自己只专注于一个环节，做自己最擅长的事情，努力成为这个环节的佼佼者。

固守资源＝抱残守缺

但凡有点历史常识的人都知道，尽管在清朝以前，古代中国曾是世界上人口最多，最为发达的国家，其文明发展程度和生产力都在很长一段时间内居于世界领先地位，可由于清政府实行闭关锁国的政策，导致中国隔断了与外界的交流，最终一步步走向没落。

随着第一次工业革命的开始，西方国家出现了工业文明，生产力随着蒸汽机的出现而得到大幅度提升。

就这样，在生产力方面，中国逐渐落后于西方，而生产力又制约着国民经济的发展，也制约着国力的发展，所以中国在国际竞争当中逐渐处于下风，直至出现两次鸦片战争，以及后面一系列的列强对中国的侵略战争，才让国人逐渐警醒，开始打开国门，主动与西方交流。

读者千万不要以为，这里是要重新讲一遍历史课本上的知识，我列举这段历史的用意在于：借这段历史阐明一点道理。

不可否认，古代中国的生产力和物质文明是中华民族的骄傲，而这就好比是一种固有资源，是靠我国古代劳动人民的伟大智慧造就的资源，但是从清朝闭关锁国直至被列强侵略的这段历史中，我们可以得出这么一个结论，那就是固守着仅有的一点资源是多么的可怕。

清朝的统治者完全没意识到，世界总是处在一个高速发展的过程中的，不管是个人还是国家，也不管是生产力还是知识，所有的一切都处在发展的状态中。因此，个人和国家若想要变得强大，就必须让自己不断进步，不断扩充对自己有利的资源。

打个比方，一个人在二十岁前读了不少好书，那他这个年纪，他或许是同龄人中的拔尖人才，可如果他在二十岁以后还是吃这些老本，不思进取，那他迟早会被别人挤下翘楚的位置。个中的道理很简单，因为别人一直努力地在学习充电，而他的脑子里却永远只装着二十岁之前的旧货。

而这体现的正是资源的"惰性"。也就是说，当一种资源不被利用时，那它就失去了本来的价值。

现在有很多女孩子喜欢购物，我们都知道购物的目的是为了能让人们获得物质满足，但是如果买回来的东西一点儿用都没有，那么就说明这项资源被荒废了，也就是无用的资源。

对于资源，我们之所以不能抱残守缺，还有一个非常关键的原因是，这个世界上资源的类型和数量时刻都在变化着，比如技术类的资源，几十年前的一些技能到今天可能就派不上用场了。

现如今就有很多消失的古老职业，比如说补锅师傅、打铁师傅等，或许这些人在几十年前还非常受老百姓欢迎，毕竟那时候他们所拥有的技能能够得到普遍的应用。但是到了今天，还有哪家哪户还需要补锅和打铁呢？锅坏了，铁没了，再去买嘛。此时，如果还有人想凭借着这两项技能赚点钱，那很有可能会饿死。

由此可见，我们每一个人不管身处何时，身处何地，都要对自己手头上的一切资源保持一种警惕性，一方面警惕自己的资源被荒废了，另一方面则是警惕自己的资源已经或是快要过时了。

然而，如果我们不想自己的资源被荒废，那就必须先学会充分利用资源。

众所周知，利用资源如同做次方函数，利用的越多，数值就会变得越大。所以，大胆地亮出自己的资源，是确保资源为我们创造效益和价值的必要的前提条件。我们可以通过自己手中的资源，与一些拥有我们想要的资源的人做整合，双方的资源一旦被很好的整合，我们就能如愿以偿地实现资源的最大化。

当然，我们不光是要把自己的资源与别人的资源做整合，倘若我们拥有的一些资源是为他人想要的，但是对方暂时没有我们所需要的资源，那么我们也不妨先将资源让渡给对方，如此一来，当下次别人手上有我们所需要的资源时，那整合起来就更加的方便和简单。

以上所说的是资源的利用问题，下面我们将重点谈一谈资源的保鲜问题。

我们都知道，让资源保持新鲜和让蔬果保持新鲜完全是两码事。宋代诗人朱熹写过一首诗："问渠那得清如许，为有源头活水来。"资源就好比流动的水，它需要的是不停地更新，就如同人体的新陈代谢，有的资源随着社会的发展会过时，而过时的资源就好比一潭死水，归根结底是因为它缺少源头。

因此，我们也要为自己的资源打开一个活水源头，让它能得到不停的更新补充。

至于怎么打开，这也不是什么难事。

打个比方，一个人拥有一些人脉资源，他为了不让这些人脉资源淡化或是遗失，于是想方设法对自己的人脉资源保持良好的管理，如常和人脉圈里的人沟通、联系、时不时地会面拜访，以保持彼此关系的新鲜度。

而当一些知识类的资源陈旧之后，最好的保鲜办法当然是一直保持良好的学习习惯，毕竟学习是无止境的，当我们沉醉于学海时，我们所能掌握的知识更是无止境的。所以，只要我们终身都在学习，就可以永远走在别人的前列。

当然，这两种办法都与整合无关，但整合也是保持资源新鲜的一种重要手段。资源是越整合越多，所以，我们不妨用自己的资源整合别人的资源，通过一种持续整合，来保持自己资源的新鲜性，这也是一条非常重要的途径。

固守资源＝抱残守缺，这一点是毋庸置疑的。

今天，我们或许还是坐拥无数宝贵资源的顶级富豪，但是如果我们停止扩充资源的脚步，抛下攻城略地的野心，那我们最后肯定会沦为一个吃光自家金山银山的好吃懒做之人。

当我们发现自己的资源田地被荒废长草，又或是变得陈旧不堪，再也无法利用的时候，我们就再也别奢望通过自己的资源来整合别人的资源了，要知道，这个世界上没有人会傻到愿意拿自己的香饽饽去换取别人的馊馍馍。

不用占有资源，只需利用资源

当下，在城市里拥有一套属于自己的房子，曾是很多年轻人的梦想，"想结婚，就先买房"还一度成为女孩们的口头禅，这无疑让梦想抹上了黯淡沉郁的色彩。然而，随着时代的进步，人们的观念也在悄悄地发生改变，不少年轻人在买房这件事上竟不再像以前那样热衷了。

这是为什么呢？我曾就这个问题问过许多人，答案五花八门，有的人说，在经济条件不许可下，租房是自己唯一的选择，还有的人说，自己的家境一般，父母不能为买房贡献力量，而自己的钱又不够付清首付。然而，其中出现频率最高的一个答案是，不管有没有能力付清首付，都不愿让自己变成房奴。

而不愿意当房奴的人普遍认为，买房子只不过是求得一个安心，自己租房住也不见得就不安心。这种想法确实很奇特，因为我们都知道，人们对于资源和财产往往是有一种强烈的占有欲的，这也是人们争相买房的一个很重要的原因。

相信不少人都算过一笔账，如果想在二线城市买一套房子，那起码得花上近百万元。而且这一大笔钱还不能完全将这套房子据为己有，顶多拥有 70 年的产权罢了，换句话说，我们只不过是花一百万租这套房子 70 年。

有趣的是，尽管如此，人们还是对买房趋之若鹜，他们急需一张房产证来证明自己对这套房子的所有权，在他们看来，如果仅仅是租房住，那这套房子终究不是自己的。

所以从这个现象中，我们也可以看出，很多时候，人们总是想将资源据为己有，完全是心理原因在作祟。他们认为，占有资源远比利用资源更划算。

然而事实真的如此吗？首先，我们必须要搞清楚整合的目的性，要知道，通常意义下的整合，并不是指将别人的资源整合为自己的私有财产，而是指将他人的资源暂时据为己用，以便达到自己的整合目的。

当然，也许有人会问，将他人的资源据为己有不是也能达到整合的目的么？没错，这两种对待资源的方式确实有着一定的共性，它们都是通过整合别人的资源后加以利用达到自己的目的。可这里必须指出来的一点是，两者还是存在很大的差异的。

毫无疑问，将他人的资源据为己有是一种完全的占有，也就是说，据为己有是将原本不属于自己的资源变成自己的资源，资源的归属有了根本性的变化。打个比方，小赵和小徐两个人都有 50 块钱，如果小赵将小徐的 50 块钱抢过来据为己有，那这 50 块钱就变成了小赵的私有财产，此行为就叫据为己有。

但据为己用显然跟据为己有不一样。比如，我们在资金短缺的时候，会张口向别人借钱，一个"借"字就充分说明这笔钱是不能不还的，迟早有一天我们要一分不少地还给别人。

因此，不管我们找别人借了多少钱，那笔钱在传统意义上都不属于我们，那只是我们向他人暂借的一项资源罢了，我们有权使用它，但却不能彻底占有它。

其实，整合的最终目的就是利用资源，我们根本无须占有资源。而且很多人有所不知的是，当我们将一项资源完全据为己有时，我们通常都会付出比利用资源不知道大多少倍的代价，从经济学的眼光看，这无疑是得不偿失的。

此外，有的时候，想彻底占有一项资源根本是痴人说梦，举个很简单的例子，有一些具有公共性质的资源，如平台性资源、地利性资源等，它们是对大部分人开放的，我们若想把它们据为己有是完全不可能的。

最后，将某些派不上用场的资源据为己有，只会为自己平添累赘和负担，这就好比买了对自己没什么用的东西，如果把它一直放在手上，那么东西就会由新变旧，变旧了就会折价贬值。此时，如果我们足够明智，及时将东西出手，那么我们就可以尽早换来同等价值的资源，最大程度地减少自己的损失。

而在现实生活中，能真正做到不占有资源，而竭尽所能去利用资源的人并不常见，但委内瑞拉的图拉德却真正做到了这一点。当身边的人都是在手上有充足资源的情况下才开始创业时，图拉德却勇于"空手套白狼"，凭借着自己超强的整合能力，一跃成为了当地著名的石油大王。

图拉德是一位工程师，他最大的梦想是有一天能成为一名石油大亨。可在这美好的梦想面前，图拉德本人又是那么的"捉襟见肘"，他是一个典型的三无人员，一没资金，二没关系，三没名气，可就是这么一个三无人员，最后却实现了自己的梦想，获得了巨大的成功。那他究竟是怎么办到的呢？

首先，图拉德了解到离委内瑞拉不远处的牛肉大国阿根廷牛肉丰收，但是石油制品比较紧张，于是，他来到阿根廷，同当地的一家贸易公司洽谈业务。

"我打算购买2000万美元的牛肉。"

这家公司见图拉德是一位大客户，当然非常欢迎，此时图拉德话锋一转说道："我是有条件的，条件便是你们买我的2000万美元的丁烷（丁烷为石油当中的一种成分）。"

图拉德知道阿根廷正缺石油资源，他这么说也是投其所好，所以对方很爽快地答应了他的条件。

接下来，图拉德又带着他与阿根廷方面签订的贸易单来到西班牙，对西班牙一家油轮公司提出条件说："我愿意订购贵厂一艘2000万美元的油轮，但是前提是你们能够购买我2000万美元的阿根廷牛肉。"

西班牙常年是牛肉的进口国，国内对牛肉的需求量很大，而阿根廷的牛肉质量闻名全球，所以他们知道2000万美元的阿根廷牛肉一定不愁销路。而他们却正为公司的油轮滞销而发愁，所以他们也很爽快地答应了这个条件。

最后，图拉德又到中东的一家石油公司洽谈，他提出的条件是这样的："我愿意购买2000万美元的丁烷，但是你们的丁烷必须让我在西班牙订造的超级油轮运输。"

中东地区历来就是石油生产基地，当地的石油价格非常低廉，而运费却是最贵的。图拉德的这个附加条件其实还是帮了他们一把。

所以，石油公司也满口答应下来，彼此又签订了一份意向书。

最终，在图拉德的周旋下，阿根廷的外贸公司、西班牙的油轮公司、中东地区的石油公司都得到了自己需要的产品，并且也出售了自己的产品，他们的产品都由图拉德在西班牙订购的那艘邮轮运输。他从这笔生意中赚取了六笔运输费，这六笔运输费也就刚好抵消这艘船的订购费用。

这三方生意完成后，图拉德拥有了这艘油轮，有了油轮，图拉德就可以做石油生意了。

这个故事告诉我们一个道理，一个人是可以在借用暂时不属于自己的资源的情况下，不费一分一毫地为自己创造另外一项资源的。如果图拉德想依靠自己手中的资源完成这笔生意，那他必须先赚到2000万美元，这对于一个一无所有的人来说，显然是天方夜谭。值得庆幸的是，图拉德有一颗聪明的脑袋，他深知实现自己的梦想并不需占有别人的资源，而只需灵活地借用别人的资源。

而这正是借鸡下蛋的道理。众所周知，一个人若是懂得借力用力，那他自己才能不费力。占有资源一是难实现，二是难管理，而利用资源就简单多了，既能最大程度地为自己创造价值，还能避免占有和管理资源带来的巨大浪费。

没有人缺资源，只是角度不同

关于穷人的特质，有这样一种说法：穷人表面缺资金，本质缺野心，脑子缺观念，机会缺了解，骨子缺勇气，改变缺行动，事业缺毅力。也就是说，穷人虽然表面上缺的知识资金，但实际上却是有很多的不足，正是这些不足之处让他们变穷。

关于资源，道理同样如此。资源无所不在，资源可以挖掘，但是很多人却认为自己缺资源，因为资源短缺，他们有很多理由拒绝实行自己的长远计划，一辈子都在等着资源光顾，到最后，等来的确是平庸和贫穷。

无疑，资源具有很多人们不易察觉的特性，比如说，一位普通的图书馆管理员，他每天的工作就是登记别人借书和还书，但是有多少人能够利用到图书馆的图书资源。这个世界上已经产生的大部分知识几乎都可以在图书馆中找到，但是那些一辈子与图书打交道的管理员们似乎很难意识到这一点，更多的人是将枯燥、乏味等标签贴到这份工作上面。

所以，缺资源的人必须要先认清资源，认清资源的一些特性，并且将脑中对资源的固有看法进行一次全面的清洗。

一般来说，人们对资源的认识误区存在以下几点。

误区一：认为大部分资源是由先天性条件决定的。

网络上人们对于富二代、官二代的争议此起彼伏，某些富二代、官二代的奢侈和霸道让很多人对这个群体都产生了非议，但是另一个现象却是与这种"批评"背道而驰的，尽管许多人看不惯富二代官二代，但是他们却以自己不是"富二代""官二代"而遗憾。

2010 年，河北官二代李××交通肇事之后叫嚣"我爸是××"，也是由于他认为自己的父亲拥有调动资源的能力，能够帮他摆平一切。

所以，有人会说"恨爹不成刚"。因为在他们眼中，人一出生下来就决定着他以后的人生方向，家中背景殷实，财力雄厚，那么他就拥有更多的资源，而一个人就算后天再努力，缺乏资源，他就寸步难行。

这种认识误区给人带来的危害是显而易见的。一个人假如将人生的希望都寄托在投一次好胎上面，那么，当面临的环境不是他所想要的时，那么势必会出现一种心理落差。这种心理落差会让一个人丧失奋斗的动力，丧失对资源的渴望，最终，他也就没有获取资源的实际行动。

所以，我们必须要弄明白，先天性的资源肯定存在，但先天性的资源并不是唯一，也不是万能的，父母和家庭能够给我们带来的东西是有限的，有些资源势必要靠自己的后天努力去获取。

一项调查显示，这个世界上的富豪中，只有16%的人是靠家中的财力和人脉支持，而其余84%的人则都是靠着自己的努力一点一点去争取得来的。

误区二：认为一个人所能整合的资源是有限的。

这种想法其实从本质上来讲并没有什么硬伤，但是持有这种想法的人忽略了重要的一点——人的主观能动性。事皆在人为，一个人他能够干成什么，获得什么，取决于他在行动时所付出的努力，并没有一个框架限制人去挖掘和开拓资源。

现在一些知名企业家在接受媒体采访时，提到最多的一句话就是："在刚刚创业的时候，我从来没有想过自己能够走到今天。"这句话的意思正说明了，其实在开拓资源之初，人们都可能会觉得某一个远大的理想是一种奢望，但是一步步地走下来，这种奢望却逐渐变成了现实。

1929年，匈牙利作家Frigyes Karinthy首次在一篇小说中提出"六度人脉"这一词汇，1967年，美国社会学家Stanley Milgram设计了一种新的方法来检验这一理论，最后他得出结论：地球上所有的人都可以通过六层以内的熟人链和任何其他人联系起来。通俗地讲："你和任何一个陌生人之间所间隔的人不会超过六个，也就是说，最多通过六个人你就能够认识任何一个陌生人。"

也就是说，就算是一个生活在中国的普通人，通过六度人脉理论，他也能够运用自己的人脉资源跟远在美国的总统扯上点关系。六度人脉理论说明，资源整合的能力是无限的，只要能够灵活地运用资源，那么也就能够获得更多的资源。

误区三：认为资源是可以通过其他的努力被代替的。

这种误区非常常见，因为在我们的传统教育中，个人能力被提到了很高的位置上。父母和老师也常常教导孩子，只要你有能力，走到哪儿都吃香。

这里所说的能力指的应该是一种专业技能，而非整合能力。有能力就可以解决任何问题了吗？

其实未必，例如说信息资源的整合，假如一个人整天埋头工作，能力虽然出众，但是对外界的信息却一无所知，他不能够及时更新自己的知识库，那么迟早有一天会被淘汰。

而人脉资源更是如此，一个人能力再强，单打独斗也是不行的，因为这个世界上存在太多一个人无法解决的事情，有这种问题的存在，那么就需要整合资源的能力去解决。

上面所说的三个误区是人们对于资源的常见态度，如果想要获得资源，那就必须先去认可资源的重要性以及独特性，对资源存在的认识不清只会让资源远离自己。

在这个世界上，没有资源是寸步难行的，对资源拥有良好的认识才能够发现其实每个人身上都有资源，而且每个人都可以利用自己的资源整合他人的资源，通过这种整合，我们才能实现自己的价值最大化。

不利条件中往往也隐藏着有利

在现实生活中，很多人在困难和挫折面前不堪一击，遇到不利条件时，只会想到逃避。当然，也许有人会问，不利条件就像是瘟神，人人避之不及，除了逃避，我们还能有什么别的办法呢？

在回答这个问题前，不如先来看下面一个故事。

德国伟大的音乐家贝多芬先生，在晚年时耳朵几乎失聪。一位音乐家，听力是他的全部，但是失去了大部分听力的贝多芬最后竟然谱写出了伟大的《第九交响曲》。

在后来的回忆中他说道："耳朵不灵的确给我带来了许多麻烦，但是后来我发现，因为听力减退，我听不到外界的嘈杂，反而能够沉浸在一个完全属于音乐的世界里。"

如果贝多芬在听力受损之后就选择放弃，选择逃避，那么他就不是后来为世人膜拜的那个贝多芬了。

这也说明了一个很常见的问题：事物总存在着多面性。正如中国古代的那位老塞翁所说，马儿跑了，未必不是一件好事。能够看到不利条件中隐藏的有利条件，才能够正面直视困难。

其实，不光是个人，企业在遇到经营危机时，也要学会从不利条件中看到有利的条件，从而勇往直前，转危为安。

1998年东南亚金融危机时，海尔在印度尼西亚和马来西亚都建有企业，可遗憾的是都不怎么景气。很快，海尔经过严格的市场分析发现，东南亚的家电消费是持币待购，人们是因为发生了金融危机才不敢消费，并不是说家电市场已经饱和，消费者家中不需要电器。

于是，海尔便不失时机地在这些国家做了许多的广告，而且都在非常显著的广告位置，广告的价钱还不到金融危机前的三分之一。等到金融危机过去之后，两地市场对家电的需求量日益增多，而当时的情况正如海尔总裁张瑞敏所预言的那般："当东南亚金融危机过去之后，市场重新启动时，人们看到最多的便是海尔，海尔已深深扎根于东南亚。"

没错，海尔已经在东南亚强势崛起，在东南亚各国的首都，人们随处可见海尔家电的巨大的广告牌。当时，有日本贸易官员敏锐地察觉到这种变化，他们非常担心日本长期独霸东南亚市场的地位受到动摇。然而，这种担心并没能让日本有时间做出应对的措施，因为海尔已经依靠超前的战略眼光和优质的产品质量与日本、韩国等雄踞东南亚市场的老牌劲旅形成分庭抗礼之势。

"我既然能在冬天的严酷环境中生存下来，可能我会在春天就成为了最漂亮的。"事实证明，张瑞敏经营下的海尔确实迎来了自己的春天。

现在，我们再来回答前面提到的那个问题："除了逃避，我们在面对不利条件时还有别的办法吗？"

当然有，这个办法也很简单——转化。也就是说，将不利条件转化成有利条件，这是可行的，也是在面对不利条件时的最佳选择。

那么，我们又该如何去做呢？

首先，最关键的一个前提是，不能逃避。

正如哲人所说，逃避困境，只会让自己永远陷入困境。想转化不利条件，那就必须先直面它。伟人毛泽东在革命初期曾经提出过"农村包围城市"的路线方针，这条路线最终也被证明是最适合当时力量薄弱的红军。毛泽东提出这条路线的前提正是他承认红军当时所面临的困境：兵少、将少、力量薄弱。这当然是不利条件，但毛泽东对这种不利条件予以了正视，所以才制定出符合红军条件的斗争路线。

其次，找到不利条件中的有利一面。在不利的条件中，有利往往隐藏的很深，需要通过思考来挖掘。比如说，一个农村出身，没有任何背景的大学生，他在走上社会时缺乏可用的条件，他起初可能会在工作中面临一些困难，但是我们知道，一个靠自己努力去获得回报的人，一定有着脚踏实地的精神。他的这种精神可以让他解决很多其他靠父母、靠关系的人解决不了的问题。

正如那句古语："祸兮福之所倚，福兮祸之所伏。"

最后，将转化付诸行动。能够看到不利中的有利只是一个前提，而将不利转化成有利则需要行动。勾践在兵败后每天卧薪尝胆，改掉了自己以前的浮躁，最终以三千越甲吞吴。因为有行动，所以才会有结果。

所以，从这个角度看，不利条件本质上也是一种可以为我们所用的宝贵资源。不利条件放在弱者的人面前，永远都是不利的，放在强者面前，它反而能成为一种优势。因为强者懂得转化不利，能把不利转化成一种让其脱离困境的有利，也就是垫脚石。而当我们拥有这种转化不利的意识和能力时，我们就不会去逃避不利、逃避艰难困苦，反而会利用这不利、艰难困苦，将"艰难困苦"变成"玉汝于成"的机会！

没有不能整合的资源，只有未被合作的机会

乔恩是一位籍籍无名的作家，他明白自己的书不够畅销不是因为内容不行，而是他缺少名气，书也缺少噱头，所以他打算利用他

人的名气为自己的新书做噱头。

但是乔恩身边并没有什么特别有名气的人，而且他觉得要找的人的名气不能只是一位普通的明星，他应该是一位家喻户晓的人物。

想了半天，乔恩觉得，这个人只能是当今的总统了。但是当乔恩把他的想法告诉身边的朋友时，却引来一阵笑声，一个朋友说："乔恩，你不知道咱们的总统是从来不看你写的这种书的吗？"

另一个朋友说："他每天那么忙，哪有时间帮你的书做宣传。"

还有人直截了当地指出乔恩这个计划的硬伤："总统是不能为什么东西做宣传的，这个你难道不知道？"

乔恩听完别人的揶揄，并不伤心，他还是下定决心实施自己的计划。他知道，民众是有权利向总统寄信的。于是他将自己的新书打包，寄给了总统，并且在包裹里放了一张小纸条，上面写着："尊敬的总统先生，作为一名普通的作家，我想了解您对我这本书的意见。"

过几天，他居然收到了一个包裹，里面是他的那本书，还有一封信，信中也只有一句话："乔恩先生，你知道我作为总统公务非常繁忙，我只看了几页就没看下去了，所以不能给你提意见。"

这下乔恩欣喜若狂，他立刻给出版社打去电话，告诉他们，这本新书又多了一个噱头——最近总统先生看过这本书。

令所有人没想到的是，乔恩的小噱头奏效了，书的销量翻了两倍。

没过多久，乔恩又有新作出版，他这次还是想借总统的宣传力量，于是故伎重施，又将书和信一并寄到总统处。这次，总统长了心眼，他想惩罚一下乔恩先生，他又随便翻了两页，然后回信给乔恩说："这本书写的糟透了。"

这原本是一句批评性的话，但是乔恩收到之后却是异常兴奋。

没过多久，乔恩的新书包装上多了一句话——总统先生认为这本书写得非常糟糕。

结果与前次一样，乔恩的第二本新书也让他赚的盆满钵满。

在常人眼中，让总统为我们做宣传似乎是一件不可能的事儿，但是乔恩却利用他出色的变通能力，成功地将总统的话整合为自己的宣传资源，他将一件看似不可能的事儿变为了可能。

很多人在整合资源的过程中都会遇到困难，有时候是我们身上的资源不够吸引我们的整合对象，有时候是我们想整合的资源被别人捷足先得，这种情况也让很多人顿失锐气，甚至是一蹶不振。

但这其实只是一种存在于表面的困难而已，这源于人们对于资源的不了解和整合技巧的缺失。

在之前的章节中，我们已经说到过，这个世界上不存在不需要整合资源的人，也不存在拥有所有资源的人，既然每个人都需要资源，所以每个人都可以成为我们的整合对象，而他们的资源对我们来说也不是不能整合的。总结成一句话便是："这世上没有不能整合的资源，只有未被合作的机会。"

我们觉得一些资源很难被我们整合，其实原因多在于我们自己。比如说我们自己的资源不够吸引人，我们没有找准合适的整合对象等，这些原因才是导致我们整合失败的罪魁祸首。因此，想要获得更多的可被整合的资源和合作机会，那就必须要掌握一点技巧。

首先，打铁还需自身硬。我们要想整合别人，就必须要让别人看到我们身上也有被他们整合的资源，一个人假如连对方需要的资源都没有，那么对方当然也就不会考虑两个人之间的合作。

这一点就需要我们在整合之前做好充足的准备工作，比如说，想找一家好的公司，获得一个更高的平台，我们就要清楚这种"平台资源"需要我们用自己的"技能资源"去整合，把自己的能力和经验摆出来，自然会有人青睐。

其次，要将优势资源作为自己的王牌。每个人都有优势资源，优势资源是我们身上最能吸引别人的地方，这就好比是我们想通过人脉资源找人帮忙，那么对方很有可能在某一天也需要我们的帮忙，我们这时就应当让对方瞧见，我们也有能力有资源为他提供帮助。

最后，主动出击才能走在前面。一个人拥有再多的资源，如果每天只是坐在家里，那么连机会都进不了门。机会只垂青那些主动出击的人，早一秒出击，那么就能多得一秒的先机。特别是在这个竞争压力十分严峻的时代，早一秒钟可能就能将一大批竞争者甩在身后。

失败可以用另一种话来说就是不够努力，曾经有一本畅销书中写道："当你真心想要一样东西的时候，你身上散发出来的就是那种能量的振动频率，然后全宇宙都会联合起来帮助你得到你想要的东西。"正所谓成功吸引成功，想要某件事物的你才能吸引某件事物，道理就是如此。只有打心眼渴望某件东西，无时无刻不怀想拥有它的好处和感动，一个人才会为此全力以赴，拼了自己的老命，积极寻求各种可能性。付出的努力到位了，机会就跟果实一样，总会有丰收的那一天。

第五章

学习整合必懂的七条定律

其实，在我们的所说的整合之道中，也蕴含着一些奇妙的定律。它们总在不经意间影响着我们的行为，改变着我们的人生。

自己努力，别人才给力

俗话说：你是哪样儿人，就该拿哪样儿钱。这句话看似直接，但却一针见血，里头蕴含的道理实在是显而易见。人虽然没有高低贵贱之分，但是我们必须承认的是，工作还是有钱多钱少之别，马路上的环卫工人和办公室的白领阶层，谁赚得多，谁赚得少，我相信明眼人一看就了然于心。

社会就是那么现实，如果我们想在职场上功成名就，飞黄腾达，就必须加大自己身上的含金量，让老板看到我们的非凡才干。不仅如此，人心也是这么现实，如果我们不努力，别人也不会给力。尤其对于资源整合者来说，如果自身的能力和素质不过硬，那整合对象也不会买他的账。

关于这一点，日本昭和公司的黑木社长最有发言权。

1995 年，黑木社长的昭和公司正面临着空前的生存危机。他的公司原是大企业"旭化成"位于日本延冈市的外包厂商，专事金属切削加工，当日本泡沫经济崩溃后，"昭和"的营业大受影响，黑木社长不得不立即着手开发新的产品，但是却毫无头绪。

就在此时，黑木社长在大阪认识了一个人，这个人叫平出正彦，他是日本长野县冈谷市"平出精密"公司的社长。黑木社长深知，平出正彦的公司正是以精密钣金技术著称，即以镭射加工机切割薄金属板后，将其弯曲，制成电子机器外壳或半导体生产设备中精密零件的技术。

黑木社长心想，这不是天赐良机吗？听身边的朋友说，平出正彦正打算在九州设立生产据点，这不正是自己学习金属加工技术的好机会么？

于是，黑木社长找到平出正彦说道："我知道贵公司想在九州设立一个生产据点，但是你应该知道，一个新的生产据点需投入大量的资金，如果你们招收工人进行生产的话，那么势必会有一个很长的周期。"

果然，黑木社长的话一针见血地道出了让平出正彦头疼的问题所在，只见平出正彦急切地问道："阁下有何高见不妨直说。"

"我在延冈有一家专门从事金属切削加工的工厂，可以帮你解决这些问题。"黑木开门见山地说道。平出正彦看他如此大言不惭，故意挑眉反问道："九州应该不只你一家从事这一行的公司吧，可供我选择的好公司那么多，我难道非你这一家公司不可？"

黑木社长一语铿锵道："你可能不知道，在九州，金属部件的技术和生产被'旭化成'公司垄断，贵公司如果想打开这个市场，就必须要跟有实力的伙伴合作。而我的公司刚好拥有几十年的生产历史。"

这话说到了平出正彦的心坎上，其实，他之前就对九州的市场做过调查，黑木社长的话确实没错，这让他暗自佩服不已。就凭这一点，平出正彦就敢断定，黑木社长肯定对市场非常了解，同时对金属加工和制作也特别熟悉。

就在平出正彦陷入深思时，黑木社长又继续趁热打铁："平出社长，我们公司希望能够和你们合作，你们需要做的只是提供给我们一些新的技术和制造工艺，至于其他的环节，我们会自行打理。"

就这样，平出正彦在考虑了几分钟后，就决定和黑木社长建立合作关系。很快，"昭和"与"平出精密"这两家公司就开始踏出合作的脚步。

首先，黑木社长挑选三位技术人员进驻"平出精密"三个月，学习精密钣金技术，紧接着，他又斥资一亿五千万日圆，将新的精密钣金设备引进自己位于延冈的工厂，以此向平出正彦表明自己合作的诚意。

从1995年开始，"平出精密"将设计图交给"昭和"生产，"昭和"再将产品卖给大型电子厂位于九州的工厂。此后，"平出精密"持续为"昭和"的员工进行了三年的技术指导。在这三年中，这两家公司的交流和沟通越来越顺畅。

虽然"昭和"目前的营业额和之前一样是三亿日圆，但是黑木社长却说："如果没有跟'平出精密'合作，我们的营业额将掉到一半以下。"此外，正是因为跟"平出精密"的合作，"昭和"对'旭化成'的依存度已从原来的八成，成功地降到现在的两成，毫无疑问，这也是一件令黑木社长高兴的事儿。

不难发现，这是一个成功的整合案例，黑木社长之所以敢去整合平出正彦的资源，凭借的正是自己过硬的实力。因为黑木不但对本行业内的一些重要信息了如指掌，他还对自己和平出正彦各自的优劣势分析的头头是道。比如，他知道金属加工制造要分很多环节，而他的公司负责后期的加工和切削，这些都是他的优势，至于他的劣势就是缺少技术。而平出正彦的优势在于拥有技术，其劣势是他必须要有更多的厂房生产产品才能挽回一些技术成本。

另外，黑木社长对行业的市场环境也十分了解，当地最大的竞争对手是谁，新的工厂进驻会遭遇什么问题，这些黑木社长都一清二楚，所以他才有在平出正彦面前表现出一副"非我不可"的模样的底气。

而这份底气自然是来源于黑木社长的努力，如果他不努力，他就不会对自己的专业如此谙熟，如果他不努力，他就不会将自己和平出正彦的情况分析的那么透彻，如果他不努力，他就不会顺利地找到自己的整合对象，最后成功地为公司整合到雄厚的技术资源。

所以，不管是企业，还是个人，我们若想整合进行得更加顺利，就必须多花功夫打磨自己，如增强自己的专业知识、提高自己的职业技能、提升自己搜集信息的能力等等，要知道，只有加倍的努力，我们才能换来别人的给力。

心态不开放，走到哪儿都是困局

整合是一种"走出去"的战略，需要与外部进行沟通和交流。也正因为如此，整合对个人的心态有很高的要求。中国有句俗话叫"闯荡"，"闯荡"正是意味着要走出去，要有开放的心态。特别是在这个科技日新月异的年代，机会到处都是，如果没有开放的心态，那就会错过很多机会。

当然，这里说的开放心态不仅仅只是一种"走出去"的心态，更需要的是一种长远的眼界。

中国人对待财富的态度比较独特，特别是老一辈人，在他们的观念中，只有会攒钱的人才能成为富翁，而那些花钱大手大脚的人注定会受穷。但现实真的是这样吗？

这里就要谈到一些节俭的穷人和阔绰的富人的心态：节俭的人的思维模式永远都是，买东西的时候想着，能便宜就便宜，攒下钱还有其他的用呢，等以后钱攒多了再买。而富人怎么样想呢？他们对自己喜欢的东西，永远考虑的都是，我如何做才能够买到它呢？我如何才能赚到那么多的钱呢？由于他们想的是如何才能赚到钱，而不是想："有钱了之后才怎么怎么样？"就这一个差距，使得富人的赚钱的点子、路子、方法越来越多。

这种消费心态也是整合的一道门槛。因为整合资源一般都需要有资源作为引子，这其中就包括资金资源。白手起家的、空少套白狼的人在这个社会上少之又少。绝大多数人的创业都需要有资金支持。马云搞阿里巴巴的时候向18个伙伴募集了50万，后来企业慢慢做起来之后，他想找银行贷款，却是困难重重，最后还是日本商人孙正义给了他一笔钱。现在有知情人说，当年那些银行和一些风投老板把肠子都悔青了。

当然，由于阿里巴巴当时所需的数目比较大，银行风投所需要承担的风险也很大。而在今天，我们很多人其实并不需要承担这样大的风险就能进行整合，可愿意拿出自己所拥有的资源进行整合的人却还是不多。这便是思维观念的问题。他们要么是考虑风险太大，要么是执拗于眼前的一点利益，放弃了许多大好机会。

我们可以从马云的创业史中发现，拥有一种开放的心态对于整合来说有多么重要。

在马云创办阿里巴巴之前，他进行过两次创业，第一次是做海博翻译社。当时他利用的是自己的技能资源，因为他是大学的英语老师，对英语精通。海博翻译社做了几年之后开始盈利，但马云却没有在乎这一点蝇头小利。紧接着，他又去做中国黄页，并逐步接触到互联网。中国黄页给马云和他的团队带来了不错的收益后，马云又开始琢磨着搞电子商务，最终，他决定做阿里巴巴。

可以说，马云的每一步抉择都是在心态放开之后的必然。在大学教书，他意识到英语的作用，开办翻译社；去了一次国外，接触了互联网之后，他开始做中国黄页；对互联网更加了解之后，他便着手做电子商务。这一步步走来，马云的心态越来越开放，所以，今天的阿里巴巴已经不再只是一个做电商的公司，他们已经开拓了网上支付、B2B 网上交易市场及云计算业务，近几年更积极开拓无线应用、手机操作系统和互联网电视等领域。

这一切都需要一种开放的心态。在阿里巴巴成为中国最大电商之后，马云就已经是富可敌国的商人，但他仍然在不断地吸收，不断地创新，所以才有了今天的阿里巴巴帝国。

要想成为一名整合高手，就必须先锻炼自己的开放心态。而要建立开放的心态，就要破除个人心中的一些沉疴旧疾。

首先，永远不要满足于现状。这是一个高速前进的时代。满足于现状就等于是停滞不前，要不了多久就可能被后来者超越。因此，无论是个人还是企业都需要有向更高处走的欲望，欲望催生动力，一旦产生动力，便会有整合的意愿。

其次，正确对待资源。这是树立开放性心态的关键。我们的一些固有想法可能会影响到我们对待资源的态度，但在前文中我们也已经讲到过，资源并不是一种"本钱"，而是一种"工具"，如果我们能够用这样的眼光来看到资源，在进行整合时就能够更加容易说服自己大胆去做。

最后，不因循守旧，兼容并收，博采众长。开放的心态最直接的来源是开放的眼界。我们的经历是一种财富，它能够给我们带来更加包容、开放的心态。现在早已经过了"以成败论英雄""以出身论资格"的年代。我们也无须吹毛求疵，对他人有过多的苛求。

我们不妨将眼光再转向那些成功的企业家，他们中有多少人是守在自己那一亩三分地上将企业做起来的？再反观那些抱怨自己没有资源，也无资源可整合的人，他们不恰恰都是一些思维僵化、亦步亦趋的人吗？

与你不同的人，正是你最好的补丁

有人说，这个世界上的最佳组合是螺丝和螺母，因为只要他们组成了一对，就能将任何东西钉在一起。

这当然是一种戏谑的说法，不过这句话也昭示了一种最朴素的道理：这个世界上最佳的组合都是互补的。鱼儿有了水，才能活命；水里有鱼，才不会成为一潭死水。一动一静，盘活了整个场面。

而在人类社会中，无论是企业还是个人，都存在独特性。哲语说，这个世界上没有完全相同的两片叶子。同样，这个世界上也没有完全相同的两个人。无论是人与人还是企业与企业，存在不同之处是一定的。而这种不同之处在某些时候恰恰可以成为一种互补。

李朝军原本是湖北东南某市农业局的一名科员，农学院毕业的他如今已经有十多年的工龄。他是一个头脑灵活的人，在一次回老家探亲的过程中，儿时的发小刘斌找到他，并告诉他最近家乡这块很有商机。

刘斌所说的商机指的是当地一种特别的植物——蕲艾。

蕲艾是一种生长于湖北省东南部蕲春、武穴、黄梅一带的艾草，这种艾草与其他艾草不同，蕲艾比普通艾高 1 米，叶要大而厚，精油含量高，燃烧热值高，所以有很高的药用价值。李时珍在《本草纲目》中对此也有记载。

作为一名农业局的工作人员，又是从农学院毕业的李朝军，对蕲艾这种植物当然是再熟悉不过了。刘斌说的商机李朝军有过耳闻，他在农业局的时候就需要与当地的一些艾农打交道。

他对刘斌说："艾草这种生意现在有人在做啊！"

刘斌却对他说："你说的生意集中在中游和上游，那是一些收购的贩子和制作艾条、艾绒以及植物油的厂家，我说的是大规模的种植。"

李朝军笑着说："大规模的种植需要资金投入，另外场地也是个难题，最关键的是风险，万一收成不好，亏本了你怎么办？"

接下来刘斌的一番话却让李朝军大为惊讶。

刘斌说："资金投入你不用担心，我已经找到了几位愿意投资的老板，加上我自己这些年的一些积蓄和家人朋友那里借的一点钱，资金足够了！另外，场地的问题我也早就一并解决了，我们那边现在有一片荒山，另外有很多农用田荒弃了，我已经跟乡镇府谈妥，他们那边已经同意我承包。另外，风险问题你也别担心，你自己是搞农业这行的，我也向附近的一些艾农咨询过，他们说艾草跟种水稻、油菜不一样，操的心少，收益还多。"

"一般收益有多少？"李朝军好奇地问道。

"小规模的收益不多，咱们的规模要是一般人的十几倍。我还了解到，如果是卖给厂家的话，收益不多，但是如果能够自己打艾绒，制作艾条什么的，收益会高几倍。我现在就是缺一个帮手，你之前在农业局上班，又是农学院毕业的高才生，如果你能帮我的话，我肯定能做起来！"刘斌将自己的意思告诉了李朝军。

李朝军听完沉默了一会，他不敢随便答应刘斌的请求，这也不能怪他，李朝军本就是个容易犹豫的人，在体制内待久了，让他出来当然困难。但他本身也觉得这是个好主意，他知道，这里有地理优势，艾草的价格高于其他的地方，市场肯定是没有问题的，但让他放弃在农业局的工作他也是不大情愿的。

于是，他告诉刘斌，你先拿出一套可行的方案来，再把那块地拿下来，我就再跟你谈谈。

李朝军还是心动了，他在农业局做了十来年，工资并不高，这些年他经常萌生出创业的想法，但总感觉自己的个性不适合，很多时候都只是有一个想法在脑海中打转，从来没有成型的时候。

这一次他本以为刘斌也只是说说而已，所以他就让刘斌先把他说的那两件事儿办妥了再来找他。

令他没想到的是，一个月后，刘斌就拿着项目可行性研究报告和一纸协议来到了他家。看到这些，李朝军当下就对刘斌说，这事儿我跟你一起做。

现在的李朝军和刘斌已经是当地最大的一家蕲艾生产基地的负责人，他们在创业过程中几乎没有遭遇什么困难，技术上李朝军给予支持，市场完全是刘斌一个人担下来。他们的基地一年产值达数千万元。

从这个案例中我们可以看出，两个截然不同的人其实存在着许多互补的地方。李朝军性格沉稳，做事情前对风险分析很是到位，在农业栽培方面有经验有技术，又因为是农业局的人，人脉资源颇为丰富。而刘斌则是个实干家，是那种说做就做的人，他的执行力和干劲又是李朝军所缺乏的。李朝军的技术、人脉与刘斌的资金、能力整合在一起，构筑了创业的基本要素，也正因为如此，他们后期的路才能走得那么顺利。

有一些人可能总会为自己身上的不足而自怨自艾，实际上，这个世界上从来都没有完人。每个人都有别人身上没有的资源。所以，我们需要找到那些拥有我们没有的资源的人，与他们进行整合，就等于是优化了自身的结构。假如一件事情同时需要 100 万元和一个特别懂行的人，而你是那个特别懂行的人，那就只需要找一个拥有这笔钱的投资者就行了。这是一种资源结构的优化。更值得注意的是，这种优化从来都不只是限于可见的资源上，哪怕是性格、思维模式等一系列看不见的软实力，我们都可以从他人身上整合而来！

让别人带来高度，让自己决定维度

有人说，人生有三大幸运，上学时遇上好老师，工作后遇到好老板，要结婚时遇上一位好伴侣。假如我们能够有幸遇上，那么人生立即就能高出一个层次。

的确，跟谁在一起，决定了一个人的人生层次。和勤奋的人在一起，你不会懒惰；和积极的人在一起，你不会消沉；与智者同行，你会不同凡响；与高人为伍，你能登上巅峰。在现实生活中，你和谁在一起很重要，甚至能改变你的成长轨迹，决定你的人生成败。和什么样的人在一起，就会有什么样的人生！

网络上最近也流传着这样一句话："一根稻草丢在大街上，那它就成了一文不值的垃圾，跟白菜绑在一起，那它就值白菜的价格，跟大闸蟹绑在一起，那它就是大闸蟹的价格。这其实说的就是跟什么样的人在一起的问题，与你为伍的人层次越高，那么你的层次也就越高。

稻草的命运趋向于使用它的人，和谁捆绑在一起，那么它就有了那个人所赋予的价值。有时候，人跟稻草一样，有才华但无人利用，这就成了一文不值的人才，跟对了人，那么也就有了不一样的价值。

所以，有这样的看人理论：看一个人的价值和层次，不是看他的外表，也不是看他的"行头"，而是应该去看他有什么样的朋友，有什么样的平台。

赛博数码是国内规模最大的 IT 连锁超市。在 2003 年之前，赛博就有过许多大动作，它们那时在全国市场范围内进行了大规模的扩张，但这些扩张在业界人士看来只不过是一种烧钱的行为。

直到 2003 年 6 月，赛博将总部从上海搬到了深圳，别人才知道，原来赛博当年的烧钱之举大有玄机。

赛博的大规模扩张，成功引起了台湾知名企业鸿海集团老板郭台铭的注意，郭台铭看中了赛博的发展前景，决定为其提供巨额的资本。

有了资本之后的赛博与之前完全不一样了，在这之后，它们更是又迈出了重要一步——成为台湾鸿海集团的一部分。在迈上这个平台之后，赛博制定了一个豪迈的计划书，将原本"在全国开 50家连锁企业"的计划改成了"开 500 家"，生生翻了十倍。

而现在，赛博在全国范围内已经有了近百家连锁门店，相信在不久的将来，他们一定能够在鸿海集团提供的这个平台上完成"500家"的大计划。

还是那句话，跟谁在一起，决定了人生层次。我们看人待物都有这样一条经验：物以类聚，人以群分。一个人的势头并不完全取决于他的身份，还有可能取决于人脉的身份。正如那根稻草，它可以获得白菜价、大闸蟹价、白银价、黄金价，关键在于，它能够和谁在一起。对于人来说，这完全取决于你自己！

别人的不足，正是你存在的价值

有整合的需求，有整合的思维，但是找不到可整合的对象，怎么办呢？

　　相信这是困扰过很多人的一个问题。因为整合是一种高精准度的合作方式，不是模棱两可凑在一起就够了。也正因为如此，把握整合契机便成为了整合者所需要考虑的一个关键问题。

　　在解决这个问题之前，我们需要弄清楚另外一个问题，只要解决了第二个问题，第一个问题便会迎刃而解。

　　这第二个问题便是，别人为什么需要整合？

　　整合既然是一种双向的，那么就是双方意愿统一后的结果，既然如此，对方一定有整合的意愿。那这整合的意愿是从哪里来的呢？

　　答案很简单：需求。个人的行为抑或是企业的行为多是以内在需求为驱动力的。打个简单的比方，个人求发展，到一家公司上班，这是一种最朴素的整合行为。这种整合的前提条件是求职者有应聘的需求，他需要工作来创造属于自己的价值，而企业也有用人的需求，他们需要劳动者为企业创造价值。正是基于这两种需求，整合才有发生的可能。

　　但是，如果企业和个人都有各自的需求就一定能够整合到一起吗？答案是否定的。我们以个人为主动整合方，企业为被动整合方进行假设就能发现，作为被动整合方的企业在面对个人时，它的需求是有条件的。

　　首先，求职者的能力。假如求职者对某个岗位上的工作完全不熟悉，也没有任何经验，完全不能胜任这份工作，那么相信企业也不会考虑。

　　其次，求职者的综合素质。除了工作能力之外，企业也会考虑到求职者的综合素质，例如性格、道德品质、发展潜力等。

　　最后，薪水问题。这是一个很重要的因素。当供求双方达成初步意向之后，薪水问题便会成为影响整合的一个关键。

　　从这三点我们综合分析可以得出，如果一名求职者和企业能够完成整合，那么必定在这三点上没有多大分歧。而站在求职者的角度来说，如果他能够在这三点上完全达到用人单位的需求，那么整合自然就能顺利进行，也就是成功应聘上岗。

这只是一个简单的例子，从这个例子中我们可以看出，别人的不足，别人的需求，正是我们存在的价值，也是我们整合的契机。

在现实生活中，有很多人正是由于找不到整合的契机，所以长期闲置资源、浪费资源。因此，想要将自己拥有的和能够接触到的资源加以充分利用，就要主动发现资源，发现整合的契机，也就是说，我们要去找到别人的不足。

无论是企业还是个人，在找别人不足时都要先做好一个工作，那就是找到自己与他人的"比较优势"。所谓的比较优势，是指个体和个体之间、企业与企业之间，在某方面存在着的差距。我们可以从一个简单的现象中明白这个道理，某些大企业在企业文化方面可能弱于一些中小型企业，某个完全没有创业能力的人却由于种种原因非常富有。这种情况我们早已经司空见惯。

了解"比较优势"的理论，整合者才能够具备正确的思维方式，才能利用平等、客观的眼光去观察生活中、社会中、商业领域中不同主体的资源优势，才能够拓展自己寻找资源整合对象的空间。

灵活运用"比较优势"理论需要我们在整合之前做到以下几点：

第一，了解自我需求和长处。这是进行整合的前提，我们整合资源的目的无非是弥补自己的不足。因此，我们的整合对象应当具备我们所需要的资源。

第二，主动出击，逐步筛选。这是一个寻找整合对象的过程。有了我们自己的需求之后，我们可以从具备条件的整合对象中进行筛选，选择几个初拟的整合对象，准备进行下一步的遴选。

第三，总结他人的不足。在有了整合对象之后，我们应当主动去了解我们的整合对象，并去发掘他们的不足，把他们的需求找出来，为下一步整合计划做准备。

第四，强化自我长处。在发现他人不足之后，我们应当强化自己的长处，并且还是可以弥补他人不足的长处。比如说，别人缺人脉，我们拥有强大的人脉，那么就可以强化这种长处，与别人进行整合。

如果我们的长处能够弥补他人的不足，那么整合就会变成契合，甚至能够改变原来的被动整合劣势，变被动为主动，掌握更多的话语权和资源分配能力。而这也是整合当中的绝佳状态，双方的需求吻合，同时又互相弥补，那么整合自然就能够进入到一个高级境界，为双方带来最大的收益。

信任你的人越多，能整合的资源就越多

自古以来，欲成大事者都必定是有人相助的。资源整合其实就是一个互相帮助的过程，在资源整合当中，能够帮助你的人越多，那么你能够整合到的资源也就越多。这个道理相信很多人都会明白。那么，如何让我们身边的"贵人"多起来呢？

答案在"信任"二字。信任你的人越多，能够整合的资源也就越多。

这并不难理解，因为资源整合归根结底其实都是人的整合。因此，只要取得了他人的信任，就能够整合到更多的资源。假如我们认识一个人，并且被这个人所信任，那么这个人身边的许多资源便也能够被我们整合。在人数不断增加的过程中，我们所能够整合到的资源也是呈几何倍数的增长。

1955 年，52 岁的克劳克花了 270 万美元，从理查兄弟手里买

下其经营的 7 家麦当劳快餐连锁店及其店名。在克劳克的不懈努力下，麦当劳快餐店取得了惊人的成就，到 1986 年，它已成为世界上最大的食品公司，年销售额达 124 亿美元，年赢利 4.8 亿美元。很快，麦当劳快餐店就遍布世界大多数国家和地区，其独特的金色的拱形"M"标志已然成为人们心中的一个烙印。

其实，麦当劳快餐店之所以取得如此璀璨的成就，是因为其提供的产品和服务深受顾客的喜爱。而这一切，都要归功于克劳克顶尖的市场营销观念。

具体来讲，其市场营销观念可归纳为"Q""S""C""V"。Q 代表产品质量，S 代表服务，C 代表清洁，V 代表价值，它们分别是英文"Quality""Service""Cleanness""Value"的第一字母。不难发现，这些观念都是为满足顾客需求而量身定制的。

我们都知道，麦当劳快餐的主要品种是汉堡包，以前美国人在餐厅或餐车上虽然可以买到汉堡包，但是绝大多数的汉堡包质量较差，供应顾客的速度慢，服务态度不好，卫生条件差，餐厅的气氛嘈杂，这都为麦当劳汉堡包的营销提供了机会。

针对客户对快餐的需求，麦当劳在其服务、质量、清洁、价值上做文章，就拿炸薯条为例，用作原料的马铃薯是经过精心挑选的，通过适当的储存时间调整一下淀粉和糖的含量，放入可以调温的炸锅中油炸，立即供应给顾客，若炸后十五分钟尚未售出，则将它报废不再供应顾客，以保证炸薯条的质量。毫无疑问，正是这些细致入微的优质服务，才使得麦当劳赢得人们的信任，而信任又为其带来了源源不断的客源，所以它的生意才会那么红火。

据估计，95% 的美国人每年至少到它的一家餐厅光顾一次，一般顾客每年约在麦当劳快餐店用餐 20 次，全公司每天要接待 1700 万名顾客，其中 25% 的人是在外用早餐的顾客。对此，曾有教授感叹道："有人哪一天看不到麦当劳快餐店的金色拱顶，会感到这一天真难以打发，因为它还象征着美国精神。"

事实上，麦当劳岂止象征着美国精神？它更是一种信任力的化身，凭借着这种信任，它成功地整合到更多的资源，从而为自己带来了强大的生命力。

这便是信任的力量。那我们该如何做才能博取他人的信任呢？

首先，学会抓住"利益"做文章。

无论是企业与企业之间的合作，还是个人之间的合作，利益永远都是要摆在第一位的。所有的合作关系都是以利益为共同点。这跟"企业给员工提供一定的薪水和福利保障，员工才会努力工作"是一个道理。

同样，个人之间的合作也是这样。我们找人帮忙前就要弄清楚这个问题，如果我们通过别人的帮助而获得了利益，那么这利益属于谁。当然，利益不是完全属于哪一方，因为这是一个双方协作的结果，所以，利益只能属于两个人。而对方帮助我们的目的其实也很简单：他们也需要通过自己的行动带来收益。既然是对方有需，我们当然也满足，否则，这种合作只会变成一次性的。谁会愿意劳而无获呢？

所以，想让别人甘心为我们效命，首先就要做到"利益共享"。在正式的合作中，双方最好是能够口头达成一个协议或者书面约定，然后通过协商的方式约定利益分配原则。比如说，我们想请人帮忙投资，那么就要约定一定比例的佣金，这样别人才能够尽心尽力，把我们的事当成自己的事。

如果是非正式的合作，比如说请别人帮忙疏通关系、找找资源，那么也要给予一定的利益回报，不能让别人空忙一场，也只有这样，才能取得对方的信任，为以后的合作创造可能。

其次，要让别人感觉到自己的重要。

看过《三国演义》的人都记得这样一个情节：刘备被曹操打败，妻离子散，大将赵云找到阿斗之后，背着阿斗从长坂坡七进七出，最后保得小主的平安。但是当赵云将完好无损的阿斗交给刘备时，刘备却当着众人的面将阿斗扔在地上："为汝几损我一员大将。"

我们姑且不论刘备的行为是否过激了，但这招对赵云却十分管用，连儿子都不管，只求手下平安，赵云安能有不卖命的道理、让人感觉到自己的重要，能够激发他人的热情，是能让人为之卖命的心理武器。

最后，敢于承诺，积极履行承诺。

很多人失信于人都是由于"承诺"二字，承诺是给别人的一种预期，不能轻易给，但需要勇敢地给。我们给出的承诺其实也是对我们自身自信力的一种考验，一个经常承诺的人，他一定是个自信满满的人。反之，一个从不敢给出什么承诺的人，其实是谨慎得过了头。

当然，我们这里所说的"给承诺"必须还要附加一个后缀，那就是，给出的承诺一定要尽力去做，如果只是逞一时之快，贪图嘴上的舒服，那还不如不说的好，既然给出了承诺，无论轻重，那就要着手去行动，将承诺落到实处才能让自己在别人眼中的形象升华。

以上三点既彼此独立，又相辅相成，利益是必须要放在第一位的，这是一个大前提，没有利益共享，合作就算能够完成，信任也会丧失，整合也不能够延续。而重要感和诚信则是保证别人热情和忠诚度的心理安慰，利益、重要感、诚实感的分享是令别人无条件信任你的秘密武器，也是一个人保持和拓展自己人脉资源的三大法宝。

让别人舒服的程度，决定你的成功程度

"我要怎么样做，才能让我的员工更卖命地工作？"这个问题曾困扰过无数的企业管理者，人们给出的答案也五花八门。

有的人认为，如果一家公司有着良好的企业文化，公司内部也其乐融融，能让员工产生归属感的话，那员工们肯定会非常卖命地工作；还有的人认为，如果企业的管理者性格友善，平易近人，能让员工产生一种想要和他做朋友的感觉的话，那员工们肯定会加倍努力地工作。

可在我看来，答案绝非这些人所说的那么简单。众所周知，企业管理者和员工之间究其本质还是一种利益关系，因此，企业的管理者若想让自己的员工更卖力地工作，就必须时时刻刻将员工的利益放在心上，只有这样，员工才会把老板的事儿当成是自己的事儿，甘愿为其分忧解愁，排除万难。

以华为公司为例。

说起华为，相信很多人都不会陌生，我们都知道，华为是全球第二大通讯设备供应商，全球第三大智能手机厂商，也是全球领先的信息与通信解决方案供应商，也是世界五百强企业。

截止到 2012 年，华为公司共有员工 15 万人，而华为在 2012年为这 15 万员工的保障投入就多达人民币 58.1 亿元。

这笔巨大的支出主要用于为华为全球员工购买各个国家和地区法律规定的各类保险，为员工提供人身意外伤害险、重大疾病险、寿险、医疗险及商务旅行险等商业保险福利，并设置了特殊情况下

的公司医疗救助计划。

可以看到，这笔巨资并不是华为员工的工资收入。2014年，华为还启动了新一轮的涨薪计划，应届生起薪也有大幅上调，华为新招毕业生薪酬将从以往的6000元起薪（税前）上调至9000到1万元。而为了落实这一涨薪计划，华为将投入十亿元资金。

不仅如此，华为普通在职员工的工资也在不停地上涨。每年年底的时候，华为都会将公司一年的绝大部分利润作为分红以奖金的形式下发给员工，所以，很多普通员工的年终奖都能达到五位数。

最令人称奇的是，华为作为一家全球五百强企业，迄今为止还没有上市，公司有6万名员工都是公司的大股东，显然他们的分红也是相当可观的。

华为总裁任正非曾表示，华为不会考虑上市。也就是说，华为还将继续保持同员工一起分红的经营模式。

从华为对待员工的方式，我们不难看出，一家公司能够做大做强，必定需要员工们同心同德地努力，而让他们努力的最好方式，就是时刻想着员工的利益，华为正是靠着这一点一步步走到了今天。

所以我们可以得出一个结论，那就是我们让别人舒服的程度，将决定我们成功的程度。

古语有云："敬人者，人恒敬之；爱人者，人恒爱之。"其实，不止是企业和员工之间，人与人之间的关系同样也遵循着这么一条规则。如果我们总能将别人置于心间，处处为别人着想，那对方在关键时刻也能将心比心，为我们赴汤蹈火。

而从资源整合的角度看，让别人感到舒服无疑是整合顺利进行的不二法宝，毕竟整合的主体是人，不管我们需要的是什么资源，我们最终还是要和人打交道，所以只有成功攻陷整合对象的心，我们才能心想事成，达到自己的目标。

朋友李萍是一家机械设备公司的业务员，她曾向我讲述过她的一段经历。

有一次，公司的一个大客户王总邀她去一家餐厅吃饭，正当两个人谈笑风生之时，王总的夫人也恰好来这家餐厅用餐。

李萍原本准备起身跟她打招呼，没想到她已经怒气冲冲地朝他们走来，只见她高声质问王总道："我中午打电话给你，让你跟我一块吃饭，你却跟我说要开会，那请问你现在在干什么呢？我到底有多上不了厅堂啊，既然你找小李吃饭，为什么不把我也叫上呢？"

王总一直闷着不说话，脸色看起来非常难看，这时，李萍立马站了起来，热情地挽住王总夫人的胳膊，微笑着说道："夫人，您对王总真好，还惦记着他吃午饭呢。不过您别生气，您真的误会王总了！要说这事儿，其实全赖我，待会王总就要去开会，是我因为工作上的问题，硬拉他过来吃饭，这不还有五分钟，我就要送他回公司了。"

"真的？"王总夫人还是半信半疑。

李萍用力地点了点头，语气诚恳地说："刚才，王总还对我说吃完饭要给您打电话呢，他也是怕您饿着，想要您早点吃午饭！"

经李萍这么一解释，王总夫人总算笑了，她不好意思地对王总说："你个臭老头，也不早点告诉我，害我白白误会你一场！"

王总长吁了一口气，配合着说道："你一来就冲我发脾气，我哪有解释的机会呀？好啦，好啦，坐下来一块吃个饭吧，你的胃不好，一定要按时吃饭。"

就这样，他们三个人一块吃了一顿午餐，事后，王总语带感激地对李萍说："小李，今天这事儿多亏你替我解围，不然，我家这位又该找我大吵大闹了！"

李萍也没有想到，王总夫人竟然会当着众人的面儿给王总脸色，幸好她反应及时，编了个谎替王总打了一个圆场。

她是这么想的，虽然她把责任全部揽到了自己的身上，但只要能够避免尴尬场面的继续，化解王总和王总夫人之间的误会和冲突，替王总挽回了面子，也算是积了功德一件！

这件事过后没多久，王总对她的态度越来越客气，越来越友善，他经常当着公司老总的面儿夸奖她，"小李这人很不错，不仅工作能力出色，情商还出奇地高，有她在，我愿意长期和你的公司合作！"只要有机会，时刻记着欠她一份人情的王总，总会惦记着在公司老总面前替她美言几句，久而久之，公司老总果真对她刮目相看，倍加器重。

朋友李萍的这段经历告诉我们，人与人之间就是一个互利互惠的过程，如果我们总能为他人的利益着想，让对方高高兴兴，舒舒服服，对方也会反过来为我们的利益着想，并力所能及地为我们提供帮助。

试问，如果李萍没有及时替王总解围，王总又怎么会对她心怀感激，又怎么会在她老板面前对她赞赏有加呢？要知道，正是王总的提携，李萍才有机会得到老板的刮目相看和器重，才能最大程度地整合平台性资源，最后实现自己在职场上青云直上的美梦。

当然，有人可能会觉得，我们努力让他人舒服，但对方不一定会让我们成功，到时候吃亏的还是我们自己。

其实，持有这种想法的人，目光往往非常短浅，诚然，让别人舒服不一定能让我们成功，但让别人不舒服，最后吃亏的一定是我们。所以，从这一点看，我们要想在整合上顺风顺水，就必须学会多为人着想。

第六章

整合必备的八项能力

　　我们常常会有这样的遗憾：明明看到机会来了，拼了命地抓，却怎么也抓不住。为什么？答案很简单：你还没有为你的欲望准备好相应的能力。那么，我们前面认识了整合的概念，培养了整合的理念，是不是就可以有效地进行资源整合了呢？别着急，先修炼好整合的"内功"，再去迎接事业的东风。

策划：让"计划"赶得上"变化"

什么才是这个世界上最富有价值的东西呢？有的人认为是珠宝，有的人认为是黄金，还有的人认为是钞票，可在我看来，想法才是这个世界上最具价值的东西。为什么这么说呢？因为一个人有了想法，那就意味着其具备了主观能动性，其言行举止就会有一个参照，又或是说有了一个动力和源泉。

尤其对于整合来说，想法更是显得特别重要。我们都知道，一个没有积极想法的人，只会选择守株待兔，坐等机会和资源像兔子一样撞在自己眼前的树桩上，而一个缺乏正确且清晰的整合思维的人，要想找到合适的整合途径，则无异于痴人说梦。

毫无疑问，想法是一个人整合能力的活水之源，同时，它也是渴望进行资源整合的人的必备能力之一。其实，更准确地讲，想法其实就是一种策划能力。如果我们把资源整合看作一场资源交换、联合的活动，那要想成功举行这场活动，我们就必须具备一定的策划能力。整合和很多娱乐活动、商业活动一样，最初都要经过策划这一关。

既然策划是资源整合的开端，那整合者又该具体怎么去做呢？

我们要清楚地看到，策划的目的是为了成功地实现资源整合，也就是说，让提前的计划赶得上未知的变化，让自己不至于毫无头绪，不用担心在遇到问题时会手足无措，一时间找不到合适的解决办法。明白了这一点后，我们再来谈具体的操作。

首先，策划源自于需求。这一点相信不难理解，因为有需求才会有动力，也就是说，只有当我们在资源方面有需求时，我们才会想到要去进行资源整合。打个比方，一个人想要做生意，可是手头上的资金不够，此时，他就会产生整合资金的想法，然后开始计划找谁借钱，怎么借，借多少等。

当然，有需求并不一定就能产生动力，毕竟在这个社会上，不思进取的人一抓一大把，尽管他们的需求五花八门，也产生过获取资源的想法，但是其中真正能付出具体的实际行动的人屈指可数。所以说，能不能把自己的需求转化成具体的行动，那还要看其是什么样的性格。如果我们想要改变现状的决心和渴望都足够大，那我们绝对不会被坐等资源和懒于寻找资源的性格弱点所束缚，而是会想方设法地去满足自己的资源需求。

其次，策划的第二个关键点就是寻找资源的能力。

当我们有了资源整合的需求，同时也知道自己具备相应的执行力时，如果不清楚自己的目标对象在何方，那我们就会跟无头苍蝇一样，只会到处乱撞乱飞，最后收获不到显著的效果。因此，一个人的策划能力还必须涵盖其寻找资源的能力。而寻找资源的过程就好比一场寻宝之旅，只有事先了解到宝藏的藏身之处，我们才能顺利找到想要的资源。

那如何才能得知资源的藏身之所呢？这就需要我们进行多方面

的努力了，切入点毫无疑问是信息。而获取信息总共有两种方式，一种是主动获取，一种是被动获取。先说主动获取，最典型的就是找工作，我们都知道，求职者最为迫切需要的是整合平台资源，此时，他为了满足自己的这个需求，就会选择主动在网上投简历，或是去参加人才市场的招聘会，最后看看能不能找到自己心仪的公司。

而被动获取则是转换立场后的方式，比如，一个人想将自己的电脑折价卖出去，此时，他很有可能会选择登录某些二手交易网站发布出售信息，如果有人看到了觉得有兴趣，那就会主动找上门来。

在得到自己想要的资源信息后，我们就能够和自己的整合对象产生联系了，有了合适的整合对象，其实也就意味着我们和所需的资源产生了联系。

最后，在继需求、寻找资源的能力之后，策划的第三个重点就是组织能力。我们千万不要小看组织能力的重要性，这个能力可是策划中最重要的一个部分。

什么是组织能力呢？这个词常常让人联想到团队的领导，如果一个团队的领导非常有组织能力，那他就能合理地安排自己手下的人，让这些人在合适的岗位上做其最擅长的事情。其实，策划能力中的组织能力和这别无二致。

举个例子，假如现在A想整合B的资源，而B想整合C的资源，但C又想整合A的资源。如果这三个人不能进行很好的搭配，那整合势必不能进行，因为他们三人中单独两人在一起都无法实现整合，A需要B的资源，但B对A的资源没有兴趣，C需要A的资源，但C的资源又不是A想要的。在这种情况下，唯有将三人各自持有的资源和各自所缺的资源组织到一起，才能够顺利地进行三方整合。

在众所周知的田忌赛马的故事中，田忌将下中上三个等级的赛马进行一番组织之后，就打败了综合能力远比自己要强的对手。这其实就是一种策划能力，更确切地讲，这是一种超强的组织能力。

当然，一个人若想具备超强的组织能力，还得下一番苦功夫，毕竟这不是一朝一夕的事儿，谁也没办法一口吃成一个胖子。我们终归还是要做很多前提工作的，首先，我们先要了解自己和其他资源整合者的所缺资源，接下来还需要对现有的整合对象进行整合评估，看彼此资源的互补链条是否成型，如果没有成型的话，那肯定还要继续补齐中间的断层，直到其形成一个圆满的整合圈为止。

其实除了以上所说的三点，我们还须看到，一个完整的策划方案，不仅需要计划A，还需要以备不时之需的计划B，即替换方案。毕竟事情总是处于不断的变化过程中的，我们在找到自己的资源链，确定好具体的操作步骤后，还需要留一点空白给未知的变化。

总之，一个不想整合的人永远也不会有整合的行动，一个寻找整合资源的人永远都找不到整合对象，一个不会组织整合方式的人永远也不能够让整合顺利地进行。然而策划能力可以帮我们一并解决这些难题，我们首先从发现自己的资源短缺开始，然后再灵活地去寻找自己的整合对象，最后再让自己和整合对象之间有一个不错的组织形态，如此一来，整合自然也就水到渠成，而我们事先制订的计划也能成功地赶上变化。

交际：人的一生就是一个自我推销的过程

在我们身边不乏这样的人，虽有满腹才华，但却苦于没有伯乐赏识，最终落得个平庸的下场。然而，与其说这是一种悲哀，不如说这是一种能力的缺乏。没错，他们缺少的正是推销和展示自己的交际能力。

美国钢铁大王卡耐基年轻的时候家里一贫如洗，有一天，他放学回家时经过一个工地，看到一个穿着华丽、模样酷似老板的人在那儿指挥。

出于好奇，卡耐基连忙走上前去，仰着头问道："请问你们在盖什么？"

"我们要盖一座摩天大楼，给我的百货公司和其他公司使用。"那人笑着看了看卡耐基，语带自豪地说道。

果然不出卡耐基所料，这个人真的是一个大老板，"您真了不起！我长大以后，要怎样做才能成为像您这样的成功者呢？"卡耐基两眼闪烁着仰慕的光芒，急切地渴望那人为自己指点迷津，出谋划策。

"第一，你要勤奋工作……"那人不急不慢地说道。

卡耐基听了，撇了撇嘴，有点不以为然："这个我早就知道了，很多人都这么说，那第二呢？"

"买件红衣服穿！"卡耐基话音刚落，那人就铿锵有力地抛出最关键的第二点。

买件红衣服穿？聪明的卡耐基对此感到十分不解，他纳闷地问道："尊敬的先生，可这……这和成功有什么必然的联系啊？"

"当然有啊！"那人随即指着前面的工人说道，"你看，这些人都是我的员工，但因为他们都穿着清一色的蓝衣服，所以我一个也不认识……"

说完，他手指一转，指着工地上一个穿红衣服的工人说道："你看看那个穿红衣服的工人，虽然他的工作业绩和其他穿蓝衣服的工人都差不多，但是他却比穿蓝衣服的工人要来得醒目。这一阵，我的视线总是不知不觉地被他牵着走，他的努力我看在眼里，所以过几天我打算给他升职加薪，请他当我的副手！"

相信很多人在读完这个故事后，都会对故事中老板的决定感到不可思议，试问，企业提拔人才怎能如此草率武断呢？然而，当我们从另一个角度去看待这个故事时，就一定会发现其中蕴含的意思别有洞天。

那位穿红衣服的工人和其他穿蓝衣服的工人相比，虽然在工作能力方面别无二致，但是他却懂得巧妙地推销自己，最后以一身与众不同的红装赢得了老板的注意，获得了一桩升职又加薪的美事。

由此可见，自我推销对于一个人是多么的重要，一个人若想在职场上平步青云，实现加薪又升职的美梦，光拥有非凡的才华和能力是远远不够的，我们必须学会自我推销，勇敢地亮出自己，只有这样，老板才能看到我们这一抹鲜艳的红色。

同理，当我们渴望进行资源整合时，也必须学会自我推销，因为这几乎是找到合适的整合对象的最佳方法。

当然，也许有人会对这话感到不服气，说什么"酒香不怕巷子深"，但如果我们真的信奉这种说法那就大错特错了，要知道，在这个竞争日益激烈的年代，太过谦虚和低调只会让我们不断错失被合适的整合对象了解和赏识的宝贵机会，一旦失去这个机会，又何谈彼此的合作呢？此外，如今的世界大得不可思议，巷子自然也多得数不胜数，即使我们是一坛子馥郁芬芳的好酒，如果不懂得自我推销，那恐怕最后也只会是"酒香也怕巷子深"，无人问津罢了。

个人需要自我推销，企业同样需要。

海尔集团是国内知名的电器销售公司。在1985年的时候，海尔遭遇过一次重大危机。

1985年，海尔的市场用户向海尔反映，该企业生产的电冰箱质量上存在问题。当时海尔的CEO张瑞敏得知之后吃惊不小，他带领员工检查了仓库之后发现的确存在少量不合格的冰箱。

接下来，张瑞敏便和几个高层研究如何处理这批产品。会上有人提出建议，说可以将冰箱作为福利赠送给企业员工。

张瑞敏没有同意这个意见，他认为，这与其说是一种危机，倒不如说是企业进行自我推销的一个绝佳时机。

接下来，张瑞敏做出了一个惊人的决定：当着全体员工的面砸毁这一批不合格的冰箱，并亲自邀请媒体现场监督。

当时这种情况非常罕见，因为企业最怕的就是自己的产品出问题，张瑞敏反而像是不嫌事儿大一样，让外人也得知了这件事。更令人不解的是，在那个生产资料紧缺的年代，就算是次品也是很难买到的，何必要砸呢？

但张瑞敏却给出了解释，首先，这些产品如果流入市场，损害的是消费者的利益，对于这种问题企业是不能姑息的。

就这样，张瑞敏砸毁了数十台冰箱，但令谁也没有想到的是，锤子举起来砸了冰箱，也砸出了海尔的品牌。在冰箱制造领域，海尔一直屹立不倒，成为独一无二的龙头，直到今天，当人们谈起海尔时，最先想到的还是他们制造的冰箱。

其实，自我推销就是一个展示自己能力的过程。我们都知道，每一个人在进行整合时，都会想要拥有自己所需要的资源，如果我们不懂得推销自己，那别人又怎么知道我们拥有他想要的这项资源，又怎么知道我们拥有的这项资源是有多么的好呢？

所以，不管是企业还是个人，在平常的工作生活中，都要学会抓住机会，主动推销自己，像孔雀求偶那样，为了赢得雌性的注意，适时地张开自己绚丽多彩的尾屏，展现出美丽动人摄人心魄的一面。

只有这样，我们才能在整合对象面前秀出我们的斤两，让他们见识到我们的真实实力，从而为自己赢得更好的合作机会。否则，即便我们拥有再好的才华，再强的实力，也只能急速地从高空坠落，最后掉进怀才不遇的哀怨之碗。

当然，一个人推销和展示自己，并非没有技巧可学，现为朋友们归纳了以下两点：

一是找准对方的需求所在。

需求是一个人整合时的第一要点，抓住别人的需求，利用这一点推销并展示自己，那么整合的成功率也会增加很多。打个比方，假如我是一家工厂的老板，现在我需要另外一家工厂的设备，在我得知对方很需要我的销售渠道后，我会立马找到其进行资源整合，如果对方最后能提供我想要的设备，那我很愿意将自己的销售渠道分享给他。

二是避轻就重。

什么叫避重就轻呢？我们知道，一个人的资源有强有弱，又多又少，假如别人需要整合我们的多项资源，那肯定会特别关注这些资源的质量。这个时候，我们就必须学会避轻就重，将别人的关注点转移到我们的强项上去。打个比方，我们去面试一家公司的文案策划，这个岗位既要求应聘者策划经验丰富，又要求其具备创新能力，而如果我们没有相关的工作经验，但是创新能力还不错，那我们就要把自我介绍的重心放在自己的创新能力上，让对方感觉只要有我们在，那创意点子绝对不成问题。此时，即便对方再有犹豫，也会被我们的创新能力所吸引，从而达成合作。

综上所述，人的一生就是一个不断推销的过程，一个深谙自我推销之道的人，无疑具备良好的交际能力，而这种交际能力又能帮助我们抓住资源整合的机会，最终实现自己在事业上的宏伟抱负。

识人：宁求阎王莫找小鬼

最近，朋友陈诚请我到一家餐厅吃饭，因为两个人好久没见面了，所以聊得特别尽兴，但有点让人扫兴的是，吃饭的时候，陈诚的手机一直响个不停，不知道多少次打断了我俩的谈话，于是，我就随口打趣了他一句："你这是在忙啥呢？动静大得跟一个老板一样。"

陈诚笑着说道："你还真别说，我是打算要当老板了。"

原本是打趣的话，没想到还真被我随口说中了，我好奇地问道："你这是开什么公司啊？说实话，听你刚才在电话里说话那语气可真不像个老板，尽听见你求这个求那个。"

陈诚不好意思地摸了摸后脑勺，语带无奈地说："我这也是没有办法啊，现在我手头上的资金不够，想找私人的贷款公司筹点资金，刚才那些电话都是那些人打给我的。"

听到贷款公司这四个字，我心头一惊，立马关切地问道："找私人的贷款公司利息很高吧，这样做划算吗？你为什么不找亲朋好友借呢？"

陈诚又答："你以为我不想找亲朋好友借啊，但是这毕竟不是一个小数目，谁有那么多闲散资金供我借的。"

"那你为什么不找银行呢？"我接着问。

"银行？"陈诚话里的失落感更强了，"你以为我没有找过银行？你不是不知道，银行那边的审核有多么麻烦，而且我放款的时间慢，周期长，等我拿到这笔钱，黄花菜都凉了。"

"如果你在银行有熟人的话，可以试着走下关系呀，这样不就可以简化很多审核程序么？"我沉思一会儿说道。

"我在银行确实有熟人，关系我也找了，但我那朋友只是银行里普通的上班族，而且他只负责存款业务，放贷业务不归他管。之前我还请他吃过几次饭，每次他都答应我尽力而为，但每次又都告诉我无能为力，唉，走关系这条路不通啊。"

我听完就笑了，说道："你这找关系的方式错了，找一个管存款的帮你搞贷款，这明显行不通啊。"

陈诚问我："难道你有什么办法不成，你要是能帮我从银行贷到资金，我非得好好感谢你不可。"

我不假思索地说道："办法当然有，我认识一家本地银行的行长，你找他准管用。"

"你怎么知道就一定行得通呢？"陈诚似乎有些不相信我的话。

"这么跟你说吧，你的那个朋友只能算是个小兵小卒，他手上能够有多少资源？你要找就得找一把手二把手，这些人那可比底下的小喽啰强多了。"

陈诚听完我的话后，顿时喜笑颜开，连忙又叫服务员拿几瓶酒过来……

没过几天，陈诚就又约我出来吃饭，在饭局上，他对我说："这事儿真得谢谢你，你介绍我跟那位行长认识之后，第二天他就专门差人帮我办理贷款，节省了我的很多时间，他答应说月内就放款。看来你说的没错，找人还是得找大家伙。"

说完我们俩都笑了。

这件事给我的启发是：整合资源如同组队与人博弈，只有找到一个强大的合作伙伴，才能够让自己在这场博弈中的胜算更大。

我们都知道，中国有句俗话："跟狼才能吃肉，跟羊只能吃草。"

这说的就是寻找合作伙伴的诀窍。其实整合也是一样，我们的整合对象其实就是合作伙伴，而整合对象不仅影响着整合的质量，还决定了整合能否顺利进行。

因此，当我们需要整合资源时，不能说别人有这方面的资源，我们就胡乱整合。假如我们的整合对象没有足够的实力，那么非但整合不能顺利进行，而且还会浪费自己的精力和财力。

就如同我朋友陈诚这样，找银行里的普通员工帮忙贷款，虽然对方有金融行业的资源，也具备一定的金融知识，但是他毕竟不是那个最终能拍板做决定的人。陈诚请他吃了几顿便饭不过是小事一桩，但在这个过程中被耽误的时间和精力，又有谁能帮陈诚补回来呢？要知道，陈诚可正准备开公司呢，从经济学的眼光看，每浪费一分钟，金钱就在哗哗地流走。

所以我们不难发现，一个人若是想具备超强的整合能力，那就必须先努力培养自己的识人能力，通俗来讲，就是找对最关键的整合对象。

既然识人对整合者如此重要，那我们在识人的过程中又该遵循哪些原则呢？

首先，大的方向不能走错。俗话说，一步错，百步歪。如果我们连大的方向都弄错了，那后面就算我们付出再多再大的努力也是枉然，只会让我们与整合对象越离越远罢了。这就好比一艘船在海上航行，如果失去了方向，那最后肯定难逃在海上四处漂荡的命运。

因此，我们需要什么样的资源，那么我们就要明确我们的整合对象是否具备我们想要的资源，又或是他是否有能力帮我们整合到我们想要的资源。相信这一点并不难理解，假设我们是一家公司的采购员，公司老板让我们采购一批水果回来，此时在这种情况下，我们总不能一出公司的大门，就直奔卖电脑的电子商城吧？

其次，要对我们的整合对象进行综合分析。很多人都有过找工作的经历，当有公司向我们抛出橄榄枝时，我们势必不会随随便便地就接受。最保险的做法应该是先对这家公司的规模、性质、工作氛围以及这份工作的薪水、福利、内容等多个方面进行综合分析，其实这就是对平台资源的整合分析，当我们分析的结果让自己很满意时，我们才会选择接受这份工作，反之，我们当然会掉头而去，另觅高枝。

总而言之，以上所说的两项原则直接影响我们整合的质量，如果我们能在整合的过程中牢牢抓住这两点，那我们就很有可能获得成功。永远记住，看清路才能走好路，看清人才能谈合作，无论什么时候，识人能力都是一个人做好整合工作的必要前提，识对人，整合则成，识错人，整合则败！道理就是这么简单！

沟通：五分表达五分倾听

在《圣经》中，人类合力建造了一座通天的巴别塔，梦想着重返上帝的伊甸园，上帝得知此事后，连忙想了一个好办法。他让人类分别使用不同的语言，目的就是为了让他们听不懂彼此所讲的话，如此一来，他们也就无法进行有效的沟通，想要登天的美梦自然就此落空。

这则精辟的寓言告诉我们，人类社会是一个大群体，没有人能脱离这个群体而独立生存，每个人都或多或少地需要和别人来往，而沟通又是人与人之间的最佳交流方式。

尤其对于那些急需整合资源的人，良好的沟通能力绝对是其获得成功的前提条件。因为整合并不是在演默剧，当我们缺乏想要的资源时，我们就必须出去寻找资源，而资源无一例外又都是以人为载体的，这就意味着我们必须走出自己的世界，去和相关的人打交道。而跟他人打交道就得涉及沟通能力了。假如我们的沟通能力欠缺，对自身资源的优势表达不清，同时对别人的需求也懵懵懂懂，那这样的整合就如同摸黑走路，步步惊心。

我们都知道，如果一个人觉得谁说的太多了，通常会骂上一句："你不说话没人当你是哑巴。"很显然，话语是人与人之间沟通的一种方式，但它并不是唯一的方式。当然，说话对于沟通来说还是非常重要的。

千万不要以为我们将分析说话对于整合的作用，我们接下来要谈论的是一个更大的问题：整合前所具备的沟通能力。

何谓沟通能力呢？一般来说，沟通能力指的是一个人所具备的能胜任沟通工作的主观条件。换句话说，沟通能力就是一个人与他人有效进行信息交流的能力，而它主要包含两个方面，一个是表达能力，一个是倾听能力。

首先，我们重点分析一下表达能力。

所谓表达能力，通俗来讲，就是一个人说话的能力。很多人都曾有过这样的错误认知，那就是他们觉得一个舌灿莲花的人，肯定是一个表达能力特别强的人。

其实这种观念是不正确的，因为一个人是否具备出色的表达能力，是不能简单轻易地做出判断的。

为什么这么说呢？当我们发现一个人说话时的语速和反应速度都非常快时，这只能说明此人嘴皮子比较灵活，仅仅是通俗意义上的比较会说话而已。

我们都知道，沟通不是一个单向的过程，一个人沟通到不到位，关键还要看其说的话有没有说到点子上，能不能得到别人的认可和信服。如果一个人说话的语速很快，反应速度也不赖，但就是不能让别人信服，那这个人顶多只能算是个"话痨"，连沟通的一点皮毛都没有沾上，所以，对于这种人，我们不能简单草率地说他的表达能力很强。

其次，我们再来分析一下倾听能力。

毫无疑问，认真倾听是建立沟通桥梁的开始，正所谓"敬人者，人恒敬之；爱人者，人恒爱之"。不论我们多么渴望表达自己的所思所想，在一倾积愫前，不妨先静心聆听他人的心声。

要知道，当我们显示出最大的诚意时，对方也会将心比心，给予我们理想中的回应。所以说，会说话很重要，但会"听话"也不容小觑。

而倾听能力主要表现在三个方面，一是有倾听别人说话的耐心和诚恳，二是能够听懂别人拐弯抹角的暗语，三是能从别人的话中捕捉到自己想要的信息。

周宗非是一个土生土长的南京人，在南京拥有两套房产，一套自己住，另一套刚刚买下，是位于闹市区的一家门面，他把这当成一笔投资，等价格涨起来的时候就投出去。

不过周宗非最近碰上了一件麻烦事儿，他的女儿大学毕业快两个月了，在北京还没有找到一份合适的工作，老周经不起妻子的唠叨，决定找朋友帮忙解决女儿的工作问题。

找谁呢？周宗非最先想到的就是朋友盛强业。盛强业是一家外贸公司的老总，跟日本那边有合作，而女儿恰好学的就是日语专业。周宗非觉得如果能让女儿去盛强业的公司，那是再好不过了。打完一个电话后，盛强业答应了周宗非的饭局，两人在一家饭店里碰面聊上了。

"盛哥，我想请你帮个忙。"没吃两口，周宗非就直入主题。

"行，什么事儿你尽管说，我能帮到的尽量帮。"盛强业为人也很爽快。

"是这样的，我女儿今年大学毕业，她学的是日语专业，我想，您那公司……"

盛强业听完一乐，"就这事儿啊，没问题，你让她什么时候有空就到我公司来上班吧。"周宗非见盛强业这么爽快，激动地敬出一杯酒。酒刚下肚，盛强业说："老周，咱们都是朋友，像这种小事好说，朋友之间就该互相帮忙对吧。"

周宗非连连点头称是，但他并没有觉得盛强业这句话里有什么玄机。

盛强业接着说："老周，我那公司现在准备搞一个门面，把业务做大，到时候你女儿要是干得好，她就可以管那一块了。"

周宗非还是没听明白，他对盛强业说："那还得多仰仗你老兄了。"

盛强业以为他是故意装听不懂，于是就对他说："我听说你老兄最近在搞什么投资。"

周宗非其实很不愿意谈自己买房的事儿，于是打哈哈说："哪有什么投资，整天上班嘛。"他还是没有意识到对方话里有话。

而盛强业呢？因为担心点破了会让周宗非觉得自己是在索取回报，所以也就知趣地闭了嘴，不再谈这事儿。他其实是惦记周宗非的那个门面。

两天后，周宗非的女儿去找盛强业，想起前两天的事儿，盛强业心里就不得劲，最后他让周宗非的女儿女做了普通的文员，并没有对她委以重任。

很显然，周宗非与盛强业之间的资源整合失败了。其实他们手上都有对方需求的资源，但是由于沟通上出了问题，两人都没能将帮忙关系升级到整合关系当中。

周宗非明明对人有所求，却不去多想别人的话，听不懂盛强业的话中话。而盛强业碍于面子，又不想直接开口，这样一来，两人都没有得到自己想要的资源。周宗非的女儿虽然进了盛强业的公司，但显然没有获得最理想的职位，而盛强业最后也另买了一处门面，但由于不是熟人，价格高的离谱。

所以说，沟通是保障整合能够顺利进行的前提，没有良好的沟通，自然也就没有成功的整合。具体来说，我们在进行整合前应该做到以下几点沟通：

首先，我们要清楚并且合理地表达出自己的整合意向。只有把自己的需求明白无误地告诉别人，对方才知道我们需要什么，然后才能进一步跟我们谈整合。

其次，我们还要能理解别人的整合意向。有的人说话总是弯弯绕，这个时候，我们就要多长一个心眼，努力去理解别人的话中玄机，搞清楚对方的需求所在，然后好"对症下药"。

最后，在整合的过程中，双方还要良性互动，彼此商量一下该如何合作，明确一些具体的操作步骤和流程，比如各自资源投入的比例、利益分配的比例等等。只有将这些合作细节落实到位，整合才能够顺利进行，不会遭受意外的干扰。

不难发现，当我们具备了良好的表达能力和倾听能力时，我们就可以大胆地去和自己的整合对象沟通了。在沟通的过程中，我们丝毫不用担心表达不清自己的需求，也不用忧虑弄不清对方的需求所在。因为所有的准备工作都已做好，整合必定手到擒来。

多线：让多件事齐头并进

现如今，几乎人人手持一台智能手机，而在智能手机中，又以苹果公司生产的 iPhone 最受大众的喜爱和推崇。

很显然，iPhone 系列已经成为高档手机的代言词，据相关数据显示，iPhone 在美国的市场份额曾经达到百分之四十。进入中国市场后，iPhone 手机又顺理成章地成为众多年轻人追逐的对象，每一款 iPhone 手机发布时，都会有无数的人不辞辛苦，专门跑到苹果专卖店前通宵排队。就这样，这种"苹果热"现象开始让很多人产生错觉，误以为苹果是中国智能手机市场上唯一的赢家。

不少人有所不知的是，除了苹果手机外，著名的小米系列手机在这场智能手机市场抢夺战中也战果累累，它们杀出了一条血路，从苹果那儿抢到了一大批消费者。

其实，小米手机一路走来曾经历过很多风风雨雨，在它面市之前，还曾一度陷入困境。

2011 年，在小米 1 代发布之前，小米手机的创始人、小米公司的现任 CEO 雷军到访英华达——一家电子通讯代加工企业，希望对方能为自己代工小米手机。

按照当时的行业惯例，代工厂一定会对雷军的公司做一次背景调查，主要调查其公司背景、资金状况和管理能力等等方面。可让人尴尬的是，整个手机上游供应链包括英华达，根本没有人知道雷军是谁。

在这种情况下，试问有哪家代工厂有勇气为一款尚未面世、销量未知的手机产品以及一个圈内人从未听说的人做代工生产呢？英华达也不例外，自然而然就把怀疑地眼光投到雷军的身上。其实，这种事儿对雷军来说已经是家常便饭，除了代工厂的存疑，上游供货商根本不可能给小米额外的优待，大多数情况下，他们都会要求小米提前三个月订货，并现付定金。

但雷军毕竟不是一个寻常的人物。在他的超强整合下，竟然顺利地将各个环节走通，成功地完成一项庞大的系统工程。

我们都知道，雷军拥有自己的创业团队，该团队包括来自原谷歌中国工程研究院副院长林斌、原摩托罗拉北京研发中心高级总监周光平、原北京科技大学工业设计系主任刘德、原金山词霸总经理黎万强、原微软中国工程院开发总监黄江吉和原谷歌中国高级产品经理洪锋，这个团队是专门为雷军提供技术支持的。也就是说，雷军成功地走出了第一步，带领团队成功地设计出了小米手机。

紧接着，雷军开始筹谋和英华达之间的合作。尽管英华达对雷军的公司及其本人有所存疑，但雷军最终还是凭借着自己对市场的了解以及团队的能力说服了英华达，之后，彼此的合作顺利开展，小米手机开始投入生产。

最后，在资金整合环节，小米公司更是创造了一个奇迹。2011年底，就曾经有小米资金流断裂的传闻，但传闻很快不攻自破，因为小米在2012年的销售额大约为126亿元，而其前后三轮的总融资达3.4亿美金。

小米之所以会进行融资，是因为它需要更多的资金来让整个周期运转起来。雷军的这个决定无疑是正确的，有业内人士放言，小米的资金周转率是他看到的手机厂商中最牛的，基本上每个月就可以转一次。

也就是说，雷军对整个产业链条的全局把控相当到位。刚开始的时候，他和团队所拥有的只有技术，小米公司和一些已经涉足手机行业多年的老企业相比并没有多少优势。但好在雷军是一个整合高手，小米手机的技术是他和创业团队一起创造的，小米的代工厂也是他一手找来的，而小米的周转资金更是他通过融资这种手段整合起来的。

所以，我们可以因此得出一个结论，那就是小米手机的神话，是深谙整合之道的雷军一手打造的。

可以毫不夸张地说一句，雷军在这些整合环节中，展示出了自己强大的协调力，而正是这种协调力，让雷军有办法让多件事情齐头并进，互不干扰，最后创造出巨大的效益。

其实，在整合当中，协调力主要有以下两个方面的意思。

1. 协调自己与整合对象。当我们在与整合对象进行整合时，势必会涉及很多细枝末节的东西，而不管彼此怎么协商，双赢都是最终的目的。

举个简单的例子，在职场上，员工在为老板工作前，双方必须签劳动合同，约定彼此的权利和义务，员工提供劳动力，老板则提供报酬。这是一个互相交换资源的过程，如果协调不好，很容易出现问题，影响整合质量。

2. 协调各项资源之间的关系。在现实生活中，整合往往不止是协调两种资源的关系，更多时候，整合都会涉及三方或是多方的资源，毫无疑问，资源方越多，整合的困难程度就会越大。

就拿雷军来说吧，他在进行资源整合时，一方面要协调团队成员的关系，保证团队的利益，一方面还要和代工厂一起进行技术与产品的整合，除此之外，他还要不断整合资金以确保整个研发和生产链条的有序进行。

要知道，如果其中任何一个环节出现差错，比如说团队成员关系不和，那么整个资源整合过程就会中断，最终影响到公司的收益。

由此可见，一个人若想掌控整个资源整合过程，就必须花心思培养自己的协调能力，亦即多线进行能力。只有这样，我们才不会在整合的过程中踏进盲区，把自己弄得措手不及，也只有这样，我们才能始终自信满满，将一切牢牢地掌控在自己的手中。

判断：危机与转机的互换

只要生活在这个社会上，我们就会遇到各种各样的危机，有的人遭遇过生活危机，有的人遭遇过事业危机，有的人遭遇过感情危机，还有的人遭遇过经济危机。

毫无疑问，危机让每一个人都感到惊恐，同时，危机也让所有人都对其避之不及。因为危机具有很大的破坏性，稍有处理不当，它就会给人们的工作、生活和感情等带来沉重的打击。

而当我们不幸陷入危机时，出于求生的本能，我们会很自然地向他人寻求帮助，对于那些帮助我们渡过危机的人，我们绝对会怀抱十二分的感激之情。正所谓，滴水之恩，当涌泉相报，如果未来有一天对方需要我们的帮助，我们肯定会二话不说，有力出力，有钱出钱。

由此可见，尽管危机表面上看起来并不讨喜，但从某种程度上来说，危机也不外乎是一种转机。简单来讲就是帮助别人等于帮助自己，中国对人情冷暖有一句很好的概括："患难见人心。"这患难指的就是一个人遭遇了危机，我们都知道，有的人在遭遇危机后，会面临树倒猢狲散的尴尬境地，更悲惨的人则会感慨，虎落平阳被犬欺。此时，患难和危机就是感情的试金石，如果我们能在别人遭遇危机时，及时地伸出援助的双手，给予他们安慰和帮助，即便这

整合为王

只是"举手之劳"，他们也会永远铭记在心。就这样，在不知不觉中，他们就会成为我们的人脉资源，如果有一天我们也陷入危机，那对方很有可能就是我们的转机。

当然，若想成功将危机化为转机，最关键的还是需要我们具备一定的判断能力。这种判断能力一方面决定了我们是否能洞察危机和转机之间可以互换的关系，一方面又促使我们常常去给别人"雪中送炭"。

要知道，对于被给予者来说，给予物本身的真实价值并没有任何意义，他们真正在意的是给予物对于自己生活的实际效用有多大。因此，一担柴对于烈火暖身人来说，实际效用小如蜉蝣，而一块炭在冰天雪地人的眼里，实际效用却似救命的良药。

对此，吴正的感触要比一般人深上许多。

那一年，吴正的一位客户张海遭遇了他人生中最大的一次变故，因为竞争对手的陷害，张海的公司一夜之间濒临倒闭，业务停滞不前，这让他感到十分痛苦。

张海不敢相信，自己苦心经营多年的公司，竟然就要撑不下去了。更让他灰心丧气的是，公司的员工接二连三地选择辞职，虽然这不能怪他们，毕竟以当时的情况看，离开公司才是明智的选择。

然而，就在张海决定要放弃公司，独自承受这场始料未及的危机时，吴正找上了他。吴正也是从其他的朋友那儿得知此事的，虽然他和张海曾有过一次短暂的合作，但合作的过程并不是很愉快，两个人因为工作理念不同发生过争吵。合作结束后，他和张海就再也没有过联系，但尽管如此，吴正还是不忍心眼睁睁地看着张海陷入危机无法自拔。

那天，他来到张海的办公室，还没等对方反应过来就开门见山道："我有办法可以帮到你，最近我跟杭州的一家公司取得了联系，他们现在急需一家有经验的公司同他们合作，这个单子我拿不下来，希望你可以和我一起做，如果成功的话，咱们可以避开这边的竞争，将战略目光放到杭州。"

吴正的这番话犹如一盆温暖的炭火，温暖了张海那颗冰冷的心。现如今，张海根本不愿再去回想过去彼此有过的争执，他只想牢牢抓住吴正这棵救命稻草。

值得庆幸的是，在吴正的帮助下，张海成功地拿下了杭州公司的那个单子，最后顺利地渡过了危机，不仅如此，他们还开辟了新的业务市场。

现在，吴正和张海成为了非常要好的朋友，等公司的经营彻底好转后，张海立马给吴正送去了一封聘书，聘书上写了那么一句话：好兄弟，公司正缺你这个副总呢！

对吴正来说，这当然是一件天大的好事，很快，他就欣然接受了这份工作，两个人一起拼搏奋斗，最后都迎来了蒸蒸日上的事业。

这次的经历给吴正的感触非常大，他丝毫没有想到，自己的举手之劳竟然为自己赢得了一个好朋友外加一份好工作。

相信很多人都会从这个故事中获得不少启示。在我们的日常生活中，有多少人在自己遭遇危机时只会手足无措，又有多少人在别人遭遇危机时会冷眼旁观，大家都没有判断出危机和转机之间是能相互转换的，这就跟"福兮祸之所伏，祸兮福之所倚"是同一个道理。

我们天天谈整合，其实整合就是在找机会，而危机中蕴藏的转机正是我们机会，就像故事中的吴正那样，帮助曾经的合作对象解决危机，最后借此为彼此带来新的转机。

其实，帮别人解决危机并不是什么难事，我们所要做的，不过只是在他人因为种种原因而陷入困境的时候伸出援手。别小看这些举手之劳，一次雪中送炭就会让人终身难忘，我们在帮助别人解决危机之后，不用我们开口，人脉资源就会自动掉到我们的碗里，我们曾好心帮过的落难英雄的背后，其丰富强大的资源就能为我们所整合。不过，我们要注意的一点是，在帮助他人解决危机时，切记不要带着太强的功利性，毕竟任何功利性的帮助都会惹人讨厌。所以，还等什么呢？赶紧行动起来，练就自己强大的判断能力吧！

分享：分享则久，独享则散

在资源整合中，分享创造的经济价值远比独享要大。这一点在企业中体现得最为明显，我们都知道，在企业管理中，一个成功的企业家必定是懂得把财富分享给员工的智者，因为只有通过这种做法，才能最大程度地整合员工的能力，让员工自觉地将自己的命运和企业的联系在一起，从最开始的"为老板打工"，慢慢转变成"为自己打工"。

具体来讲，企业管理者舍得将财富分给员工，让员工的生存需求、安全需求乃至受尊重需求能够从这样的分享行为中获得满足，那员工必然会因此对其充满感激，从而更加愿意通过努力工作来为企业付出更多，用更多的利润和财富来回馈公司，回馈企业管理者。如此一来，企业内部不就开始了一个创造财富的良性循环了么？

众所周知，整合的最终目标是资源，而资源说白了就是利益，既然涉及利益，那也势必会涉及利益的分配问题。

就拿企业管理者和员工之间的资源整合来说，一方付出了劳动，一方提供了薪酬，彼此似乎是一种"一手交钱，一手交货"的关系，表面上看起来并不存在什么利益分配问题。实则不然，毕竟薪酬是企业管理者定的，很多时候，在实际的工作中，员工的付出远远要大于企业管理者开出的薪酬。在这种情况下，如果企业管理者懂得分享，愿意将利益的一部分让渡给员工，那员工自然干劲更足，久而久之，企业管理者当初分出去的那部分财富就会加倍地回到自己的手中。所以，从长远来看，企业管理者完全是稳赚不赔。

蒙牛乳业集团创始人牛根生正是自己"分享力"的受益者。

1999年，牛根生从伊利辞职，开始筹划着复制伊利。这次创业，牛根生面临很大的困境，首先缺少资金，其次缺乏人才。当时，牛根生拿出了自己仅有的100万元注册了公司，紧接着就将蒙牛的大旗竖在呼和浩特和林戈尔。

让牛根生没有想到的是，没过多久，昔日很多在伊利工作的同事都纷纷来投奔他，有的带来了技术，有的带来了资金，有的带来了管理，一下子就解决了蒙牛刚刚起步时所面临的资源缺乏问题，帮助蒙牛找到了一条可以大胆起飞的跑道。

人们忍不住问道，这牛根生究竟何德何能，怎么就能吸引到这么多的贵人呢？

答案只有四个字——懂得分享。牛根生是一个性格非常大方的人，当他在伊利工作的时候，因为工作业绩十分突出，公司领导奖励了他一大笔钱，让他去买一辆自己喜欢的车。这要是换成一般人，说不定就真拿这钱去买车或是休闲娱乐去了，可牛根生并没有这么做，大方的他跑去买了四辆面包车，然后把这四辆车分给了对他的业绩也有贡献的四位下属，希望他们能够更加努力地工作，实现自己的价值。

除此之外，年薪近百万的牛根生，还经常帮助那些经济拮据的员工，比如员工家里遇到了什么麻烦事儿急需用钱，他就会带头发起捐款，而自己一捐就是一两万。

毫无疑问，这种慷慨和大方的个性让牛根生深得公司同事们的喜爱，很多在他手下工作的人，都觉得跟着他一起工作特别值，特别高兴。正是因为牛根生懂得分享且乐于分享自己的财富和利益，他才会在自己的创业初期赢得那么多人的鼎力相助，最后成功整合到自己所缺乏的资源，让蒙牛有机会发展壮大，并为自己创造出更大的财富。

相信很多人都听过牛根生的一句名言："如果一个人吃饭，一包方便面就行；来了客人，则一定要拿出好吃的，和客人分享。"在牛根生看来，通过分享，自己获得的不仅仅是发自内心的喜悦，还是未来资源整合的更大空间。

而事实证明，牛根生说的这句话确实有道理，当年他只不过分出了自己财富中的一小部分，最后却为自己整合到了那么多的宝贵资源，如果说他是这场整合中最大的赢家，估计没有多少人会提出反对意见。

其实，不管是企业管理者，还是个人，都应在整合中学会分享，要知道，分享并不会损害我们的利益，它只会让利益像滚雪球一样越滚越大。当然，在刚开始的时候，这个雪球会因为我们的分享变得小一点，但只要给它一点时间，它就会变成财富的城堡。

然而，遗憾的是，很多人在整合完成之后，常常因为利益分配的问题和自己的整合对象产生矛盾，这固然不会影响到已经完成的整合，但是，这种矛盾给人带来的直接影响也很明显，就算只出现一次，那么它也会给彼此的下一次合作带来诸多阻挠。

由此可见，不懂得分享利益的人，无疑是自断后路。毕竟我们谁也不敢保证自己与每个人的合作都是一次性的，如果下一次还需要整合对方的资源，试问有哪个人还会愿意和不懂分享的我们合作呢？

人性向来如此，如果第一次吃了亏，那第二次很有可能会产生

"一朝被蛇咬，十年怕井绳"的心理，这对于我们来说，无疑是阻断了一次有可能存在的宝贵的整合机会。所以，为了下一次的整合和合作，我们不妨从现在开始就培养自己的分享力，让分享架起我们和整合对象之间的合作桥梁。

执行：是什么让整合成了"烂尾楼"

众所周知，整合不仅是想法的集合，同时也是思维的应用，而不管是前者还是后者，都需要丰富以及激烈的脑力活动。然而，在一番脑力风暴之后，整合为什么又成了一栋"烂尾楼"呢？原因很简单，因为整合不仅仅需要想法和思维，更需要用行动付诸于实践。

所以对于整合者来说，要想具备超强的整合力，就必须先过执行力这一关。而所谓执行力，其实就是有效利用资源，保质保量达成目标的能力，从这个解释中，我们不难发现，其也完美地契合了整合的内涵。

既然强大的执行力能将想法以最快最好的方式转化成行动，那如果我们只有想法没有行动，毫无疑问，所有的计划都将变成一纸空文，不再具备任何的实际意义，而这也是整合屡成"烂尾楼"的关键原因所在。

王飞是一名普通的上班族，朝九晚五，拿着微薄的工资，也没有成家立业，毕业好几年了，还感觉自己像是一无所有。为此，王飞急切地想改变自己的这种状况，但一时也不知道从何下手。一次偶然的机会，王飞认识了一位做夜宵生意的朋友，王飞喝了几瓶酒后就向对方聊起了自己想要创业的想法。

王飞对这位朋友说："我想自己创业，但是现在苦无门路，你能给我点建议吗？"

这位朋友对他说："我只能告诉你一些做夜宵生意的经验，你没事摆个夜宵摊，找朋友或者是自己招人帮你一起做都可以。"

"这样做能赚钱吗？"王飞显然非常关心这个问题。

"钱肯定是能赚到的，毕竟这也没什么成本，就是刚开始顾客不多的时候你可能要亏本，但是熟客多了之后，你的生意慢慢就会好起来的。"这位朋友回道。

"那你现在一个月能赚多少钱呢？"王飞好奇地问道。

这位朋友笑着回答道："这个说不定，好的时候有三四万，差的时候一万不到，但不管怎么样，总比以前替别人打工要强。"

王飞听了这话非常满意，他打定主意要做这个，并且把具体的操作步骤都想好了。

首先，自己的积蓄就那么点，他得找朋友借点钱。有了资金之后，再找这位朋友帮他选工具和材料，然后再去大学城附近找个合适的摊位，因为学生的消费观一般都比较超前，而且非常乐意过夜生活，所以在大学城附近做生意肯定能挣到不少钱。当然，他也知道，自己一个人是忙不过来的，到时候再招个人就差不多了。

王飞想了好几个晚上，也十分兴奋，他觉得自己终于可以摆脱现在不死不活的状态了。

但是一个月过去了，王飞的那位朋友遇见他，问："怎么样兄弟，夜宵摊搞起来了没？"

王飞一脸懊丧地说："没有啊，这段时间公司的事儿比较忙，我也不敢随便辞职，等这阵过了再说吧。"

这位朋友笑了笑也就没有再说话。

又过了两个月，这位朋友打电话给王飞："兄弟啊，你那夜宵摊还搞不搞了，你不是说方法都想好了吗？怎么到现在还没动静。"

此时的王飞已经几乎快忘了自己当时的想法了，但对方的话还是让他感到非常失落，但失落归失落，现在也只剩下唉声叹气的份儿了。

其实，以一个旁观者的眼光看，王飞创业失败实在非常可惜，毕竟他具备很好的优势条件，有一位前辈愿意手把手地教他、指点他，可是他最后还是不了了之。

难道王飞没有想法吗？当然不是，事实上，王飞的想法非常好，他首先想到了要先整合资金——找朋友借点钱，然后再整合人脉资源——找那位朋友帮忙挑工具和材料，紧接着再整合地利性资源——在大学城附近摆夜宵摊，最后再整合人力资源——生意忙时招帮手。很明显，在王飞的想法里，每个步骤都有条不紊，但让人奇怪的是，他为什么到最后却还是没有搞起来呢？

答案很简单，王飞没有走出第一步。

缺乏执行力是王飞创业失败的根本原因。他可能没有想到，自己的创业过程就是一个整合过程，整合资金、整合人脉资源、整合地利资源、整合人力资源，但是无论是哪一条，都需要用实际的行动去完成，空想无疑是做白日梦，再好的想法不能付诸行动也只是竹篮打水。

那么，在整合当中，我们又该如何培养自己的执行力呢？

首先，勇敢地走出第一步。常言道，万事开头难，不少人都倒在了起跑线上。如果我们有想法，有计划，那就应该立马付诸行动，哪怕迈出那一步是有多么的艰难，哪怕最后的结果有可能是失败，我们都要勇敢地走出第一步。要知道，失败了还能让我们收获不少经验，但如果连第一步都不敢跨出去，那我们就会永远一事无成。

其次，制订一个有序可行的行动计划。我们都知道，整合是一个非常复杂的系统工程，谁也没法一蹴而就，只能一步一个脚印，慢慢地完成目标。打个比方，某公司老板想为公司整合到一个人才，那他首先要做的是想清楚自己要招个什么样的人，想清楚之后，再把自己的具体要求告诉人事主管，紧接着在人事主管对应聘者进行面试时，他也应该做好最后把关的工作。只有把这些步骤有序地做好，他才能招聘到让自己满意的人才。

最后，永远不向失败低头。如果我们在行动的过程中遇到挫折，又或是遭遇失败，千万不要因为一时的灰心丧气就向失败低头。因为失败是成功之母，我们这么一低头，就等于让自己错过了失败的母亲——成功。

举个例子，有这样一位推销员，在他整个职业生涯的头一年，他都没创造出什么业绩，他推销的产品没有一次不被客户拒绝。可尽管如此，他却从未选择放弃，拒绝过他的客户他也会再次登门拜访，直到对方答应购买他的产品为止。

而这个人就是日本著名的推销大师原一平。其实说到底，整合就一种资源的运作，既然是运作，难免会因为一些客观情况，比如市场、人力变动等因素出现问题，如果每次出现问题，我们都选择放弃，那请问，以后若是再遇到千载难逢的整合机会，我们还有胆量去尝试么？

试问，当一个人在做好整合所有的前期规划工作后，又因为执行力的欠缺放弃整合，这难道不是一种巨大的浪费吗？只要一点点行动力就能让整合不沦为"烂尾楼"，我们完全可以给自己一个机会，迈出那看似艰难的第一步，斗志昂扬地朝着自己的梦想进发。

第七章

懂得借力就能万物不缺

　　你缺的，别人手里都有。这个世界已为我们准备好一切。你要做的，就是把它们搜集起来，并用智慧把它们有机地组合起来。只要方法得当，就没有不能整合的资源。成功的秘诀在于更智慧，而不是更辛苦。

天下万物均可借

在资源整合的过程中，除了利用现有资源之外，还有一个重要的办法能够保证资源能够为我所用，而这个重要的办法其实也很简单，那就是借。

个人资源短缺是在所难免的，但只要我们能借，就不怕没有资源。借鸡生蛋几乎成了许多企业和个人发展的一大途径。而我们能够借的东西也实在是太多了。总结起来，可以有以下几点。

第一，借天时。所谓的天时，我们可以理解成一种大方向，大政策。这里的方向和政策可以由政府制定，也可以由一些民间机构制定。比如现在的一些团购网站，正是利用了一些商家打出"团购能够优惠"的政策作为第一契机，吸引消费者到网站购买团购券，然后通过其他渠道盈利。而政府制定的一些政策也可以为我们所用。譬如说，国务院在 20 世纪 90 年代出台了《关于促进乡镇企业持续健康发展报告》，这很明显是在鼓励乡镇企业发展。包括随后的西部大开发、中部崛起，这些大的政策都在影响着投资者的投资意向。

第二，借地利。体育比赛上有"东道主"，他们可以利用主场优势取得更好的成绩。在资源整合时，地利优势同样是可以借的。因为每个地方、每个城市都有自己的优势资源。比如，在北上广，经济发展水平很高，本土居民大多较为富裕，消费市场庞大；在大庆、东营、运城这些能源矿业城市，它们有着丰富的能源资源；而阜阳、株洲这些以交通发达而得利的城市有着交通资源；再如黄山市、张家界等景区，它们有着相当诱人的旅游资源。我们不用做调查便可以得知，在各个城市敢于第一个借"地域"特色资源的人，都是走在别人前面而且大都获得了成功。

第三，借资金。纵观各行各业的佼佼者，我们可以发现，他们的创业资金大多都是靠融资得来的。马云创办阿里巴巴的时候是20多人凑的50万元，史玉柱做脑白金也是靠朋友借来的50万元。借钱创业几乎是每个创业者的必经之路，有人脉的可以找朋友借，没有人脉的也可以找银行贷款。总之，只要能借，就不怕缺资金。

第四，借智慧。著名学者李开复在自己的书中和演讲中都反复提到过一句话：21世纪最缺的是什么？人才！人才是成功企业的助推器，是企业发展壮大的必需品。而招揽人才就是借智慧。尺有所短，寸有所长，没有人能够胜任这个世界上所有的职位，假如我们需要别人的智慧，最好的办法便是招揽人才。如果你有足够好的平台，可以让这些人才到你的旗下工作。如果你想打造一个平台，也可以找几个有能力的人拉起山头，这一切都是在借智慧。能借智慧的人，永远都不用担心脑力有所不及。

第五，借品牌。品牌可以是企业的形象，也可以是个人的口碑。一家企业，只要做出品牌，不用打广告也能够做大做强，这方面的佼佼者有海底捞、老干妈等。而个人同样也是如此，一个人有了自己的品牌，不用找别人，自有人上门找你。而除了借自己的品牌之外，借别人的品牌也是一个非常不错的法子。在我们还没有形成不错的品牌之前，借别人的品牌，"狐假虎威"，无疑是个不错的选择。

我们强调"借"，是因为个人资源存在一定的局限性。能不能借到是一回事，而有没有"借"的意识又是另一回事。想要运用好"借力"，就必须要具备借用的思维。这就要求我们在整合资源前培养一些意识。

首先，要了解"借"的目的。在这个社会当中，缺少资源的企业比比皆是，缺少资源的个人也比比皆是。但在任何时候都能想着用"借"来化解难题的企业和个人却不多。要克服这一点，我们就必须要了解自己去"借"的目的。把"借"当成是一种克服难关的手段，那就跟"努力"别无二致了。有了目标才能有动力，有了借的目的，才能有借的行动。

其次，既要懂得借用，又要学会借用。"借"是对他人资源的一种利用，我们很难保证自己的"借法"是独一无二的，所以要学会创新。譬如说，某人利用当地的旅游资源，在景区摆摊设点，卖一些矿泉水和小零食之类的，其收益与那些卖特产、卖纪念品的肯定有差异。只有创新，才能够保证资源创造的价值。

最后，要明确借用的方法。有很多人感叹资源近在眼前却无从下手的同时，却不断地有其他人将资源收入己方阵营。这是因为懂得整合的人知道如何借用资源，并在实践中不断地使用，从中形成自身的经验和风格。

毫无疑问，任何进入社会、参加工作的人都渴望获得成功。但并不是每个人都是含着金钥匙出生的，既然资源短缺，就需要用自己的思维和能力去借，借天下万物，方能博天下之财！

别人为什么会跟你合作

在整合资源的过程中，我们很可能会遇到这样的情况：当我们希望与某资源方合作，借用他们的资源为自己所用时，却被对方回绝。其实，资源整合有成有败，这本是常事。而失败后也并非一无所得，我们可以从失败的经验教训中找到正确的解决办法。

一般来说，别人不愿意与我们合作，原因不外乎以下几点：

第一，获利太少，别人不屑去做。这一点在资源整合中是比较常见的。出借资源与"贷款"在某种程度上来说性质类似，都是为了获取利益。假如获利太少，远低于他们的预期，那么他们很有可能放弃合作。

第二，别人对你的实力存在疑惑。这一点也是整合资源时会经常碰到的问题。现在网络上流行一句话，叫"不怕神一样的对手，就怕猪一样的队友"。资源整合的目的是为了形成竞争力，既然如此，谁都愿意找一个有实力的合作对象。如果你没有实力，无人问津也就是再正常不过的事情了。

第三，风险太大。资源整合也存在着一定的风险，精明的商人都知道将风险控制到最低，如果做某一项投资的风险超过他们的承受能力，那么必定会让他在做出选择之前多一番思考。

以上三点是人与人之间合作做事必须要考虑的。因此，我们就可以从这个角度来阐述，只有在利益分配得当、自身实力强大、风险分摊得当的情况下，别人才会选择跟我们进行整合，而要做大这三点，不只是嘴上说说就行了，还要有具体的表现和措施。

首先，针对利益分配的问题，我们需要进行一个系统的思考。无论是对方还是我们自己，进行资源整合的目的都是为了获利。在现实生活中，有很多人都会因为利益分配不均不欢而散，哪怕是明明可以双双获利的项目，也会因为利益纠纷而闹得无法收场，所以，我们认为，利益问题是资源整合中最关键也是最重要的问题。在进行资源整合时，谈钱是不伤感情的。

那如何做到恰当的利益分配呢？

我们都知道，合作双方的利益分配是有一个固定原则的，比如在进行某项投资时，当然是根据双方的出资比例来进行利益分配。但在很多情况下，人与人之间的合作又不仅仅只是"出钱"那么简单的事儿，有时候，可能有一方要付出更多的代价。

举一个简单的例子，甲和乙一起投资开一家餐馆，一共需要20万元的资金。而此时甲只能拿出5万元出来，乙能拿出20万元出来。在不考虑其他付出的情况下，甲乙之间的利益分配比应当为1:3。甲拿小头，乙占大头。但甲以前做过餐饮行业，对餐馆的管理非常熟悉，于是甲理所当然地就要扛起管理的大旗。而乙呢，从来没有接触过这个行业，也不愿意参与到管理当中来，他只管出钱。在这种情况下，利益分配就不能遵循出资比了。

假如你是"乙"，是想整合甲的主动整合方，你会怎么做？

通常情况下有两种选择：一是改变利益分配的比例，比如说两人各占一半，让甲能够获得更多的利益；二是用支付工资的方式弥补原来利益分配方式的不足。比如一个月给甲5000元的固定工资，而这个工资是从餐馆的净盈利里支出的，这种分配方式也能够使问题得到解决。

在这个过程中，作为主动整合方的乙就必须要考虑到这一点，假如他强行要按照出资比进行利益分配，罔顾甲在餐馆管理上付出的努力，那么整合就很难顺利进行下去。

所以，在资源整合时，为了让被动整合方能够死心塌地地接受整合，主动整合方在利益分配上一定要坚持公平公正的原则，不可因小利而失大利。

其次，关于实力强弱的问题。其实，实力的强弱并非在任何情况下都有一个固定的量化指标。除了资金数量大小能够直接用数字量化之外，其他的实力，诸如人脉、技能、智慧等实力都比较模糊。这其实并不是什么好事，要知道，在现实生活中，很多创业者就是由于没有凸显自己的能力，导致被人看低，失去了太多太多的机会。因此，有实力就应当展现出来，让人家看到，只有让人相信了你的实力，别人才能够放心大胆地与你交换资源，进行整合。

最后，风险分摊。这是一个善后机制，也是影响整合大局的关键因素之一。整合资源的目的是为了做事，既然是做事，就必然面临着风险。而风险也是有多种多样的，比如说资金风险、政策风险、市场风险等等。如何合理地分摊风险是一门技术活。在此，我们也可以通过案例来说明。

王明和朋友李亮打算一起做家具生意，他们准备在市区开一个门面，从外地进货进行销售。二人共同出资50万元，其中王明出资20万，李亮出资30万，双方协作，利益分配以出资比例为准。

他们在市区租下了一间60平方米左右的门面，月租金4000元，需要一次性支付一年的租金。然后他们将场地装修了一番，前期花费共10万元左右。后面的流程也都需要烧钱，进货需要货款，运货需要买车。在正式营业之前，他们之间就存在着一个风险分摊的问题。

此时，他们面临的风险主要有以下几个：

1. 市场风险。假如市场不如他们预想的那样，他们可能会出现亏损，甚至是赔光本钱。

2. 资金风险。资金由谁管理，几十万元不是一笔小数目，由谁管理这个资金也成了一个棘手的问题。除了本金之外，后期的盈利资金如何管理也是需要他们考虑的。

3. 意外风险。一旦家具店在运营过程中出现意外，比如人为造成的货物丢失或损毁，这种风险该由谁来承担。

此时，我们假定王明是主动整合方，李亮是被动整合方。很明显，王明如果没有解决好风险问题，会给他们的合作带来很大的影响。

最好的选择是两人能够通过合同约束双方，有了合同，大家就可以照章办事。一般来说，风险承担比例是根据获利比例而定的，也就是说，谁在资源整合当中获利多，谁就要承担多一些的风险，这是毫无疑问的。假如李亮不愿意承担过多的风险，此时主动整合方应当在有信心的情况下主动多承担一些风险，这样才能够保证整合顺利进行，所以，这就需要主动整合方有一定的牺牲意识。

以上三点可以说是保证整合能够顺利进行的先决条件，只要做好了这三点，就能够基本扫除整合的一些障碍，保证资源整合顺利进行。

资源整合的四个境界

我们可以用一个形象化的方式来表现资源整合，资源整合其实就是将"1+1"最大化的过程。这个"1+1"解释起来很简单，两个原本都只有"1"的整合者，在互相整合了对方的资源之后实现了资源效益利用的最大化，并实现最多的收益。

而资源整合的效果是有程度之分的。我们根据不同的程度将资源整合分为四个境界。它们分别是初级境界、中级阶段、高级境界、最高境界。

所谓初级境界，是指资源整合过程中产生的 1+1 等于 2 甚至是小于 2 的情况。这种情况在现实生活中很常见。我们大家耳熟能详的"一个和尚挑水吃，两个和尚抬水吃，三个和尚没水吃"说的就是这样一种情况。

当庙里只有一个和尚的时候，他每天需要自己去挑水，在这个过程中，付出的努力就要更多一些。而当庙里有两个和尚时，他们就能整合对方的力气，两个人抬水，工作量减少了一半，并且都能吃到水。而当庙里有了三个和尚的时候，有了三个人的体力，却无法整合出每天生活所必需的水源。三人加起来的综合效益竟然比一个人低。在这个案例中，两个人之间的整合能够勉强达 1+1=2 的效果，但三个人相加却反而达不到这种效果，这显然是失败的。

犹太人说过一句著名的商业格言："一头狮子加上九只合作的狼，也要强于十头各有想法的狮子。"事实也的确如此，除了"三个和尚"的故事之外，还有一个流传很广的故事也说明了这一点。

有八位从商学院毕业的 MBA，他们原来都在不同的企业当中工作，也创造出了辉煌的工作业绩。后来，他们八个人聚到一起创业，准备利用各自的资源做出一番大事情来。然而，情况远没有他们想的那么好。在公司创办一年多以后，他们的经营理念和战略规划多次发生冲突，连最基本的行政办公流程、市场开发策略都没有完全成熟，团队内部分歧巨大，最后无奈散伙。

从以上这两个案例中我们要吸取一个教训，那就是，如果双方进行资源整合的话，那么整合效果的最低标准也应当是 1+1=2，不能因为整合而导致得不偿失。

而中级境界就进入到了一个更高的级别。此时，1+1 是一定要大于 2 的。也就是让整体发挥的作用大于简单累加之后发挥的作用。

我们就举个简单的例子——栽树。

现在张三、李四、王五需要在山上种 300 棵树。如果他们每人种 1000 棵树，他们需要重复挖坑、放树苗、浇水等一系列工作。但如果他们能够分工协作，一个负责挖坑、一个负责放树苗，最后一个负责浇水，那么效率会比他们分开去做要高得多。因为手头上的事情变得简单了，进度自然会快很多。

两者相加大于 2，这是资源整合的最终目的也是意义。因此，对于整合资源的双方来说，这个境界是必须要达到的。

资源整合的高级境界是一种资源利用的最大化。此时，拥有资源的双方对资源进行合理的配置，利用多种有形或者无形的资源创造价值。

在国际奥林匹克运动会中，我们可以看到很多企业利用这个大舞台进行资源整合的样板。奥运会当中的赞助商与主办方合作，一方可以带来广告效应，一方则可以带来经济收益。这对双方来说，都是整合的绝佳时机。在这个过程中，双方的资源已经可以发生化学变化，能够带来意想不到的效果。

而资源整合的至高境界则是在高级境界之后达到的饱和状态。在这个状态中，整合者可以利用自身的品牌带来效益。例如史玉柱，他在巨人大厦烂尾，负债累累的情况下仍然能够整合到 50 万元的资金，这便是品牌效应。再比如像世界上一些知名的奢侈品品牌，如劳斯莱斯、路易威登、劳力士等，他们的品牌本身已经成了一种资源，并且是一种不可替代性的资源。在某个行业当中，已经形成了口碑垄断的地位。这一点就如同现如今的淘宝，谈起电商，人们就会想到淘宝，这种品牌影响就能使得它在竞争中一枝独秀。

其实，如果我们将资源整合的四个境界层层审视，就能发现，这四个境界其实就是资源整合的四个阶段。资源整合也有从小到大、从无到有的过程。这一点放在企业当中更好理解一点。

我们都知道，一般企业在成立之初都会遭遇这样或者那样的问题，在整合资源的过程中很难做到尽善尽美。而在企业逐步成熟的过程中，其资源整合的效果就会一直朝着这四个境界发展。而这也需要我们在整合过程中时刻注意减少失误，减少损耗，找到最合适的整合时机和整合对象，这是企业能够保证盈利最大化的法宝，也是个人在整合资源时夯实整合目标的最佳前进方向。

欲合先分：资源整合是典型的"小狗经济"

著名经济学家钟朋荣在考察中国民营企业之乡浙江时提出过一个著名的经济学名词——小狗经济。钟朋荣先生是根据动物界的一种现象概括提炼的这个名词。

在中央电视台《动物世界》的一期节目当中，三条两尺多长的鬣狗将一匹体格健壮的斑马扑到，并分食了斑马的尸体。要知道，一只斑马的体重相当于6条鬣狗，而且其爆发力和速度也要快过鬣狗。在这种情况下，鬣狗是如何捕捉到这只斑马的呢？

原来，他们捕食斑马时严格按照一套流程走：三只鬣狗悄悄潜伏在斑马的附近，首先，一只鬣狗冲上去咬住斑马的鼻子，后面两只鬣狗紧随而上，一个咬尾巴，一个咬腿，无论斑马如何去踢，如何去咬，它们就是不放。斑马在这个过程中需要忍受巨大的疼痛，而且由于视线被遮挡再加上自身的慌张，很容易摔倒，只要一倒，鬣狗很容易就能置斑马于死地。

三条小鬣狗能够吃掉一匹大斑马的秘诀正是如此。用我们专业的语言解释可以概括为八个字：分工明确，合作紧密。正是因为大家分工明确，各司其职，决不动摇，最后产生了巨大的合作能量。

而资源整合其实就是典型的"小狗经济"。

为什么这么说？

首先，资源整合的各方都是独立存在的。无论是企业间的整合还是个人之间的整合，整合各方本身都是独立于其他合作方的。也就是说，他们都是一种暂时的合作，其实本质上还是无法归为一体。而这种独立又不同于分散，他们仍然能够形成凝聚力。两家企业在资源整合的过程中并不意味着他们就变成了一家企业，只是他们将各自的一部分资源糅合到了一起。同样，个人整合也是如此，假如我有资金，想投资某个项目，但苦于自身没有这方面的能力，此时，我会找有这方面才能的人来帮我做，这是对人力资源的整合。在整合的过程中，资金属于我，而能力属于他，但这资金和能力放在一起却能够为我们同时创造效益。

其次，资源整合注重分工合作。资源整合并不是将资源糅在一起，囫囵吞枣地往外扔，这种做法就如同军事上的"人海战术"，资源再多也产生不了足够的效益。只有对资源进行合理的配置，让拥有资源的双方或各方进行明确而又密切地分工，才能达成最佳效益。

张龙曾经在一家大型广告公司做过市场营销方面的工作，工作能力很强。有一天，他的朋友申建军找到他，并表示想请他和自己一同创业，创办一家广告公司。申建军是做编辑出身，文字功底很强，而且对广告策划颇为精通。但他这个人有一个毛病，不大会跟人打交道，也就是说，在跑业务方面连个菜鸟都算不上，说话磕磕巴巴。但是写起东西来他就不一样了，创意不断，下笔如有神。

他找张龙的原因很简单，他知道这个朋友能说会道，在广告公司多年，能力出众，一年包揽了公司30%的业务。

而张龙呢？他也不想一辈子给人打工，就算是跳槽去了另外一家公司，他还是摆脱不了给人卖命的状态。于是，在申建军告诉他计划之后，他欣然同意了。

两人接下来的分工便十分明确了，张龙利用自己的营销能力和以前的人脉，很快为公司拉来了第一笔大单，而申建军的文字策划能力又很快得到了客户的认可。两人在工作上从不干涉，张龙只管营销的事儿，申建军只管文字的事儿，没过多久，他们的公司就正式进入轨道，并且欣欣向荣。

最后，资源整合需要各司其职，同心协力。

在资源整合过程中，有一个问题一直在困扰着合作者。那就是"权力"问题。我们知道，中国乃至世界上都有很多合伙企业，而这些通过几人合伙建立起来的企业经常会出现一个问题，那就是决策权的紊乱。

看过电影《中国合伙人》的人或许都还记得，电影中的那三个年轻人，成东青、孟晓骏和王阳是大学同学，三人聚到一起创办企业，在整个过程中，他们磕磕绊绊，多次面临内部危机，差一点就让共同的梦想夭折。而在电影之外，这三人的原型，原新东方的三驾马车：王强、俞敏洪、徐小平等人也有这样的经历，他们内部也曾发生过严重的危机，最后徐小平离开新东方，王强也逐渐淡出管理层，只有俞敏洪坐上了新东方集团董事长的位子，而他们当年的一些冲突，让新东方也是饱受磨难。

从这个例子中我们可以看出，在资源整合当中，最佳的"合"是要建立在各司其职、同心协力的基础上。试想，假如那三只鬣狗在围捕斑马的过程中出现分歧，每只鬣狗都想吃最好的大腿肉，三只狗一起去咬斑马的大腿，那效果会是如何呢？

总而言之，资源整合归根结底是"合"，但在合的过程中，又需要"分"，这种"分"不是分散，不是分心，而是分工。让每个人都能做自己最擅长的事情，这样能够让资源产生最小的浪费。自然而然地，也就能够让资源整合创造出最大的效益！

合作不仅是态度问题，也是方法问题

有人说，中国人是团结的。在中国历史上，每次遭受外敌入侵、重大自然灾害的时候，中国人总是能够齐心协力，渡过难关。

在市场经济时代，各地中国人以户籍结友，成立了各种老乡会、各种商会，处处可见团结；也有人说，中国人并不团结。很多人都存在"不患寡而患不均"的病态心理，所以，中国没有出现真正存在核心竞争力、对整个世界都能产生影响力的大企业。

对这两种说法，我们不置可否，但有一点我们必须要明确，团结合作从来都不是一种态度的问题，而是一种方法的问题。

也就是说，人性大多是相似的，我们可以说中国人团结，也可以说外国人团结，可以指责中国人喜欢窝里闹，也可以看到外国人内斗的场景。我们只相信，只有制度和机制才能够作为一种万金油存在，而不是依靠人性。

而这一点，在资源整合当中也至关重要。资源整合说到底是一种合作。与企业之间的资源整合不同，个人与个人之间的资源整合缺乏平台和信用机制的约束，所以出现分崩离析的可能性非常大，失败率非常高。

去年年初，我作为嘉宾应邀参加一次创业者交流会。在会上认识了一个二十八九岁的年轻人，我们相谈甚欢，末了，还留了彼此的联系方式。

回家之后的第三天，我就收到了这个年轻人给我发来的一封邮件，讲述了他与合伙人创业失败的一次经历。主要内容如下：

　　五年前，正是我毕业的那一年。我上大学的时候酷爱玩游戏，我大部分时间都泡在网吧里。跟我在一起的还要三个要好的同学，我出身农村，家境不好，这三个同学的家境都不错，中等偏上。我们在泡了一段时间的网吧之后，突然有一天，网吧老板告诉我们，自己要去外地了，网吧要关门了。

　　晚上我们一起吃大排档的时候，说起这件事情，大家惆怅万分。这里留下了我们曾经美好的回忆，虽然有些颓废，但毕竟是一段快乐的时光啊！

　　这时候不记得谁说了一句："我们几个人为什么不直接把这个网吧给接下来？"

　　接下来的事情就顺理成章了，几个同学又找了三个朋友，其中一个在学校当了几年的学生会主席，颇有些管理的才能。我们七个人一起准备开始做网吧生意。七个人中，属我最穷，一分钱也拿不出来，他们每个人都凑了三到五万不等的资金，而我呢，只能以技术入股。

　　先简单介绍下网吧的概况，三层小楼，紧靠一所大学一所中专。按理来说，我们的网吧生意应该是不错的，但最后却支撑了不到一年的时间。

　　原因有多方面的，但我自始至终都认为，最关键的问题还是一点：团队。

　　首先是老板的分工无法明确，就更无从衡量工作量，必然有人勤勉有人懈怠。那些投了同样资金的同学，一个每天在网吧打理，一个天天上网玩游戏，两者之间必然会有矛盾。

　　其次每个老板来网吧里都会带上几个朋友，赊账或者免费就司空见惯。最后就是每天赚的钱基本都被不同的老板扔到了大排档里。这种人情消费说也不好说，久而久之，网吧就开始出现负债了。最夸张的一次，我们几个人一天就将网吧半个月的盈利花了个精光。

最后要说的一点是，在这个团队当中，自始至终都没有一个主心骨，每个人都有权利管任何事情。所以经常会因为决策而闹矛盾，这个人认为要花钱做装修，那个就不同意。最后都是不欢而散。

就这样，我们的网吧以倒闭告终。

看完这个年轻人写的信，我一时不知如何表达内心的话语。这种"冲动创业型"的人太多，失败的也太多。他们主要以年轻人为主，想到一个好点子就会不顾一切地开始去做，有的时候甚至都不在乎做的事情能不能赚钱。当然，他们的初衷毕竟是好的，几个同学一起做点事情，不管怎么样，也算一次经历。

这个年轻人与他六个同学的创业经历其实也是一种资源整合。其他人有资金，这个年轻人有技术，还有管理人才。按常理来说，这种搭配应该能够产生一定的效果，可最后的结果是什么呢？

在这个案例中，这几个年轻人在合作上显得很不成熟。我们能够说他们在创业初始的态度不行吗？当然不行，毕竟，几万块钱砸进去可不是什么小数目。而问题的关键就出在了方法上。

合伙是一种整合，但不能是一种毫无章法的整合。网吧虽然是个体经营，但也需有一定的章程。他们在整合过程中，凭借的完全是各自的一腔热血，没有对资源进行合理的规划，更没有明确分工、明确责任，这才导致了后序的混乱。

我们以这个失败的案例为对象，为其制定出一套合理的整合方法来。首先，在整合之前，明确各自的分工。有技术的管技术，能管理的做管理。如果没有什么用得上的能力，那也需要在网吧的工作上给予全力支持，做一些力所能及的活儿。其次，要制定出一套合理的制度来。比如说，在采购、收费等关键问题上，该如何进行决策？不能因为一个人的反对就放弃原来的计划。采用投票机制可以很好地解决这个问题。最后，股东在网吧的消费也需收费，视同顾客。这一点是保证资金管理有序的必须手段，并且应当强制执行，谁也不能够以股东的身份为自己谋取便利或私利。

而以上所说的这一切，最好是能够以白纸黑字的形式写出来，做成一纸协议，让它形成一种有形的约束力，只有这样，整合才能在有序的框架内进行，合作才能够发挥最大的作用。

稳固的合作关系怎么来

在合作当中，最佳的状态便是建立稳固的合作关系。稳固的合作关系可以带来多方面的好处。我们常常见到企业之间全力打造战略合作伙伴的关系，其目的便是与其他企业建立稳固的合作关系，以便双方在以后的发展中能够进行更为便利和高效的整合。

个人之间的整合同样如此，假如没有稳定的合作关系，我们便需要花费大量的时间在找整合对象和磨合上面。因此，无论是企业还是个人，都需要与整合对象建立稳定的合作关系。

那么，稳定的合作关系又是怎么来的呢？

这就需要我们解释一下"稳定的内涵"，所谓稳定，指的是一种状态。我们用哲学的眼光来看的话，可以判断，这种稳定状态必然是经由一个量变到质变的过程。也就是说，在整合之初，合作双方的稳定关系是不可能一蹴而就的，而是经过无数次的磨合之后才能够慢慢走上正轨，并最终形成一种稳定乃至牢不可破的默契关系。

所以，从这一点解释来看，我们可以判断，整合当中的稳定合作关系需要一个过程，而在这个过程中起作用的正是促使双方关系稳定的因素。

那么，有哪些因素可以促使整合双方的关系逐步走向稳定呢？

首先，当然是利益挂帅。资源整合是为了博求利益，假如没有利益，整合便失去了其存在的价值，稳固的合作关系便无从谈起。而且，光有利益还不够，还要保证双方的利益分配合理，保证公平。

其次，在个人与个人的层面上，融洽的情感关系能够促进合作的稳定性。这一点在个人的合作当中是非常关键的。因为个人层面上的合作除了追逐利益以外，更多的还是想获得认同，一种自我认同和来自他人的认同。

如果我们将整合比作是一场生意的话，或许可以更好地理解。我们都知道，生意人讲究口碑。现在很多企业可以凭借口碑保证不愁销路，道理正是如此。在这其中，贵州省老干妈食品有限责任公司是个中翘楚。

老干妈陶华碧在做生意时，是一个大字不识的农村妇女。她从卖凉粉、摆地摊开始，后来，在得知自己的辣椒酱颇受欢迎之后，她才开始做辣酱。但是鲜为人知的是，老干妈在做辣酱的时候遭遇了不少资源难题。

在她起步之初，由于销量有限，她需要的包装瓶不多。当地的玻璃厂便以数量太少拒绝了她的生产请求。在这种情况下，老干妈转换思路，既然你不给我生产特制的包装瓶，那我就用罐头瓶装辣椒酱。于是，她找到了玻璃厂的领导，跟对方阐明了自己的想法，见老干妈如此真诚，对方也不好意思拒绝，就答应为她留出一部分玻璃瓶。

公司发展到这个程度后，陶华碧渐渐感觉到产品的对外销售成了大问题。可是，她既不懂什么营销策略，也不懂什么广告策划，甚至连名片都不使用，又怎么开拓市场，争取新客户呢？

陶华碧知道自己的劣势，但也坚信：条条大路通罗马！只要找到土办法，她照样能做大买卖。可是用什么土办法呢？通过分析对内管理的成功，她觉得：对内对外都是与人打交道，都要讲感情。对内，这感情要体现在"真"上；对外，这感情恐怕就要体现在"诚"字上了。老干妈反感那些坑人、骗人的把戏，哪怕是跟自己的合作伙伴也是如此。

在2001年初，广州一家经销商当着其他经销商和老干妈的面表态，要将本年度销售目标定到3000万元。老干妈觉得这个目标太高，很难实现，便半开玩笑地对他说："你如果真的实现了这个目标，我就奖你一辆轿车！"

与会的人谁也没有把这话当真，他们都知道老干妈是一个特别节俭的人。尽管她已经当上了大老板，自己却没有轿车，平时出门办事情也都是挤公交车。她怎么舍得给经销商一辆轿车呢？

可是到了年终，这位经销商却真的完成了3000万的销售任务。这时，陶华碧表态了："人要讲信用，说出去的话就是泼出去的水，不负责任怎么能取信于人。"接着，她力排众议，奖励了这位经销商一辆捷达轿车。

这件事情传开以后，经销商们都感慨道："对她这样讲诚信的人，谁还忍心去骗她！"而老干妈对这些经销商从来都是一视同仁，不会说某个地方的年销售额高，她就会对别人另眼相待，对她来说，只要是齐心协力做事的伙伴，她都会用心照顾，还经常给他们打气、鼓励。

老干妈的诚信为自己树立了形象，也为自己的企业树立了品牌，创业二十多年来，老干妈还从未打过广告，就算是在已经累积了大量财富之后，我们依然无法在传统媒体甚至是自媒体上看到"老干妈"的一则广告；在众多企业依靠活动带来商机时，老干妈仍然是"困守"在贵州一隅，不走动不活动，从未搞过促销，一瓶"风味豆豉"的价格十几年不变；当所有的企业都在喊"融资难""贷款难"的时候，老干妈却多次拒绝"只要点头"就能得到的大笔资金。而她手下的经销商们，从来没有拖欠过她一分钱货款，每次都是钱货两讫，有的甚至会在拿到产品之前提前付款。

我们以整合的眼光来看，可以断定老干妈是利用"个人形象"这一"声化武器"整合的高手：她坚持对经销商诚信，经销商对她死心塌地。而经销商对她来说，不就是她的合作伙伴吗？她的诚信，让她与经销商之间的关系十分稳定，而她的产品也从来不缺销路。

从这个案例当中我们可以得出一点，整合当中的稳定合作关系需要用心打造。老干妈凭借的是自己的个人魅力让合作伙伴感受到了一种相融感，自然而然地，整合也就能够非常顺利地进行，并日趋稳定，最终牢不可破。

除了相融感，老干妈还能够让她的合作伙伴感受到一种公平。老干妈是身家过亿的老板，但她对待经销商们的态度却十分平和。在和老干妈的合作当中，经销商们自始至终能感受到公平的存在，这也为他们之间的关系打牢了基础。

会做事是人才，会造势是人物

在古代战争中，有这样一个现象：主动征伐的一方一般会在人数上夸大，比如魏晋南北朝时期前秦攻打东晋，83万大军号称100万；曹操南下江南，50万不到的军队号称80万。

因为人人都知道人多力量大的道理，一个人再骁勇，也不过有一头二臂，三个人则是三头六臂，整合的道理也如同这样，人多势头就大，势头大了就会吸引无数的投奔者。

因此，造势是整合者的一大整合利器。

在我们传统观念中，"酒香不怕巷子深"影响着一代人。这句话的意思是，只要我们足够有能力，产品足够好，那就不怕没有人青睐。这是一种自信，但是在今天看来，这种被动的营销策略其实是失败的。在商业社会，无论是个人还是一家企业，想要整合到更多的资源，就必须学会造势。

"势"，在《汉语常用字字典》中有"力量""气势""情势""社会活动状况或形势"之解。由此组成的词有"势不可挡""势如破竹""大势所趋"等。世间之事，只要形成一种"势"，大抵就形成了一种强大力量，会推动着事物朝"势之所趋"的方向发展。

一个会做事的人我们可以说他是人才，他有能力去完成某一件事情，但在现代社会，个人力量已经弱化，只有更多的借助别人的力量才能够让自己强大，而"造势"正是借力量的一种方式。

现在电影行业发展迅速，留心观察的人或许能够发现，很多电影在上映之前就开始了疯狂地宣传造势。比如在某段时间热映的电影《西游·降魔篇》，这部电影是 2013 年春节假期上映的，但是造势活动却在准备开拍之前就开始了。

2011 年 3 月，《西游·降魔篇》在浙江横店秘密开机；2011 年 7 月 10 日，周星驰电影《西游·降魔篇》杀青，拍摄周期三个月；2012 年 11 月 20 日，周星驰与华谊兄弟总裁王中磊共同亮相新片《西游·降魔篇》的新闻发布会。并且在这期间，电影在各大论坛都被广泛讨论。

而这部电影最大的卖点其实就是导演周星驰本人，周星驰的无厘头喜剧风格一直为内地影迷所推崇，再加上电影故意与 8 年前的《大话西游》扯关系，所以业内人士称这部电影在没上映之前就已经火了。

造势活动结束后，接下来就是验收成果了：据 2013 年 2 月 19 日最新票房数据显示，上映十天的《西游》票房上扬至 7.6 亿高点，成功超越《画皮2》7.02亿的纪录，以最快速度跃居华语电影票房第三，内地影史票房第六。在华语片中仅次于《泰囧》和《十二生肖》，和好莱坞大片相比，仅次于《阿凡达》《变形金刚3》和3D《泰坦尼克号》等影片。

造势的威力可见一斑。尽管这部电影被很多影评人士斥责为"骗观众回忆"的烂片，但这并不妨碍它在商业上获得巨大的成功。

其实，造势是一种自我宣传，一般来说，造势的方法有多种：

第一，将自己的优点和长处强化、明显化，扬长避短。这一点我们可以从老罗和他的锤子手机上获得启发。

老罗罗永浩一直以来都是"愤青"的代表人物，早年他曾经蹉跎过，屡次跌倒。他身上有一种很执拗的人文情怀和痞子气。在2014年5月，老罗推出锤子手机，通过一系列的造势活动，让这款手机变成了文艺青年趋之若鹜的产品。

在产品广告语上，老罗几经斟酌，给锤子手机打上了一条"我们眼中全球第二好用的智能手机"。这一广告语的意思很简单，"我们无意挑战苹果的权威地位，但我们领先其他一切手机"。

广告语出来之后，网络上掀起了轩然大波，"打假狂人"方舟子对其进行了虚假宣传的举报，双方闹得不可开交。但这一切都不妨碍老罗的造势活动。

而在手机性能上，老罗一直宣称自己是在用"匠人精神"来做手机。尽管他之前是手机行业的门外汉，但他却将自己的人文情怀附加到了自己的产品手上，并且大搞微博营销、微信营销、饥饿营销。而这一切也让老罗的手机如日中天，5月份推出，7月份上市，订购已经达数万台，在2014年10月份天猫的统计数据中，其销售量更是达到了4512万台，仅次于小米手机，在各品牌手机销量排行榜中占据第二的位子。

罗永浩的造势方式很独特，他本身是个微博红人，又是充满文艺情怀的人，所以他主打这几张牌，让自己的手机在没有上市之前就已经红了半边天。

第二，借鸡生蛋，也就是借别人来为自己造势。这一点被广泛应用于现在的企业宣传当中，请明星为自己的产品代言正是这样的道理。而对于我们个人来讲，借鸡生蛋也是一种造势的方式。一个人的影响力再大，可能也会有力有未逮的时候，而借其他人的势头则会让影响力出现爆棚。

这就是势头的作用，如同创业一样，做事、做项目都需要卯足势头，人才多势头就大，势头大，影响力就大，一个有巨大影响力的团队还会担心找不到整合目标吗？不用担心，势头就如影响力，而影响力就如同磁石，影响力越大磁力越大，能够吸引到的资源也就越多。

是时候醒醒了！什么酒香不怕巷子深，什么花香自引蜂蝶来，在这个竞争激烈的时代，这种放弃自我营销、放弃造势的人生态度已经过时了。

我们一定要时刻铭记这样一个道理：我们缺资源时，别人也在缺，谁能整合到这个资源凭的不仅仅是能力，还有其他各方各面的综合素质，而造势就是其中一项！

第八章

团队无优劣，关键在整合

一加一可能大于二，一加一也可能等于零！我们往往希望三个臭皮匠能顶个诸葛亮，但结果却成了三个和尚没水喝。所以，不是把人汇集到一起就叫整合。如何彰显成员特点，怎样发挥集体优势，是每个管理者都必须面对的课题。

建立共识，行为才一致

在古希腊时期流传着一个神话故事。

在一座城堡里，七个小矮人被关在这里，他们都住在一间潮湿的地下室，不见天日，也没有任何人可以帮助到他们，缺水、缺粮，更要命的是，他们不知道逃出去的希望在哪儿。

某一天，这七位小矮人当中的一位受到了雅典娜的托梦，他叫阿基米德。雅典娜在梦中告诉他，在这个城堡里，其实有他们需要的食物和水。

城堡一共有 26 个房间，除了他们待的那间，其他 25 个房间当中有一个里面藏着食物和水，而另外 24 个则全部是石头，这些石头当中有 240 块玫瑰红的灵石，只要能够收集到这 240 块灵石，把它们排成一圈，那么就可以解除咒语，他们也就能够逃离这座可怕的城堡。

阿基米德赶忙把这个梦告诉了其他的六个伙伴，他号召大家一起努力，但只有两位伙伴愿意跟他一起寻找，他们是爱丽丝和苏格拉底。而其他四个人有的怕徒劳无获，有的干脆就是想坐享其成，所以都不想找，只是袖手旁观。

阿基米德同这两位伙伴只能无奈地先行寻找，最初的几天，爱丽丝想先去找些木材生活，而阿基米德却想先去找食物和水，苏格拉底想尽快找到灵石，脱离苦海。三人意见无法达成统一，几天下来，劳而无获。

聪明的阿基米德觉得照这种方式，他们一辈子也不能离开这里，于是，他对另外两个人说："我们现在缺乏体力和人力，应该先找食物和水，补充体力，然后再将这些成果分享给其他四人，让他们也加入我们。"

爱丽丝和苏格拉底同意了。

于是三人一起合作，一共25个房间，阿基米德体力最好，所以他负责最远的9间房，而爱丽丝和苏格拉底则各负责8间房子。

很快，他们就找到了那间藏着大量食物和水的房子。有了这个成果，另外几个人也开始相信阿基米德的话，他们也答应一同加入寻找。

但是接下来的问题却让阿基米德犯难了，他和爱丽丝、苏格拉底的方向感都不错，但是另外四个人却毫无方向感，走一会就会迷路一次。

于是阿基米德决定，将七人分成三组，他带着两个，爱丽丝和苏格拉底各带一个。阿基米德组负责10间房，因为他们人数最多，爱丽丝组和苏格拉底组各负责8间。

这个方法果然奏效，在短短几天内，他们就找到了隐藏在24个房间乱石中的灵石，因此，他们终于逃离了那座可怕的城堡。

这个故事也告诉了我们几个道理。

第一，团队需要一个共同的美好愿景。当其他四人知道阿基米德说的话是真的时，他们毅然决定加入寻找，如果没有这个共同的愿景，其他四人恐怕只会作壁上观。

第二，团队合作在人力上需要合理组合。阿基米德将七人分成三组，用熟悉情况的人带不熟悉情况的人，所以在他们后来的寻找过程中并没有遇到什么麻烦。

在这里，我们所要阐述的正是第一个道理。

经常有人抱怨自己的团队如何糟糕，在关键时候派不上用场，总是貌合神离，缺乏凝聚力。其实，有这种想法的人不在少数。但能够分析其原因的人却非常少，抱怨不过是嘴皮子动两下，对解决问题没有丝毫的作用。

从阿基米德和他几个小伙伴的故事中，我们已经找出了团队缺乏凝聚力的主要原因：缺少一个共同的目标。也就是说，团队的目标共识此时出现了分歧，以至于大家离心离德，无法凝聚成一股力量，行为上无法得到统一。

因此，我们可以说，想要让团队保持一致的步伐，那就必须先建立起这个共识来。要让每个人团结到一个事情上面来，而不是团结到个人之下。

在团队的整合当中，个人英雄主义可能有一时的作用，但如果靠个人来维持团队，必然会造成团队内部出现职责弱化，责任分摊不清的情况。以此为论据，我们可以从以下几个方面着手，打造团队的凝聚力。

第一，尊重每一个人的观点，保证团队内部的民主氛围。观点是一种意见的表达，作为一个团队，每个人的意见都应当被分享。这一步是形成团队共识的第一步。只有彼此的意见被互相尊重了，团队内部的成员才能有主人翁意识。而这种主人翁意识是让每个人达成共识的先决条件。

第二，以目标为唯一导向。团队内部可能会需要一个名义上的负责人，但这个负责人与团队其他人一样，都必须以目标为唯一导向。杜绝个人主义，时刻强调团队而不是个人的力量。

第三，以利益为驱动力。有利益的愿景作为牵引，能够调动团队成员的积极性，积极性起来了，执行力自然就得到了增强。而这种利益的愿景可以是长期的，比如项目完成之后的奖励，也可以是短期的，也就是在项目运营过程中对表现出色的团队成员进行奖励。

以上三点是保证团队步调一致的关键方法，也是让智本整合充分发挥作用的关键。而这所有的一切，都以达成共识开始，所以我们可以说，达成共识是一个团队能够正常运作并发挥作用的引子，也是后期所有整合的开始。

弥勒佛公关韦陀管账

现在很多寺庙都有这种格局：一进寺庙大门，迎面而来的一定是弥勒佛，笑脸迎客，而在他的背面，则是满脸威仪拿着金刚杵的韦陀。

这样的搭配其实跟一个传说有关。

相传在很久以前，弥勒佛和韦陀其实并不在一个庙里，而是分别掌管不同的庙宇。弥勒佛大度、热情，他管理的寺庙香火鼎盛，来来往往的香客特别多。

可弥勒佛有一个缺点，他对寺庙的财务管理太过松弛，也就是说，他不是个太会理财的人。因此，尽管他的寺庙来来往往的人很多，却经常是入不敷出。

与之相反的是，韦陀是一个管账的好手，他做事严苛较真，极其细致，在财务管理上锱铢必较，庙里的账他打理得井井有条，从来没有出过什么差错。但他的寺庙仍然是入不敷出，原因很简单，因为韦陀过于严肃，成天阴着个脸，来寺庙里的香客就变得很少。

某一天，佛祖下凡查看各寺庙的香火时发现了这个问题。拥有大智慧的佛祖在了解事情的真相之后，做了一个十分简单的决定：把弥勒佛和韦陀放在一个寺庙里，并且还替他们做了分工，由弥勒佛负责公关，每天坐在大门口，笑迎八方；而韦陀呢，则被他安排管理财务和寺庙的纪律，二人互相帮助，互不干涉。

很快，这座寺庙的香火就起来了。由于弥勒佛和蔼可亲，香客络绎不绝。而管理寺庙账务的韦陀则将寺庙的流水管理地十分科学，在两人共同的努力下，庙里一派欣欣向荣。

从这个故事中我们可以看出，由于佛祖善于发现弥勒佛和韦陀的优缺点，并恰到好处地利用了他们各自的长处，避开了他们的短处，最终挽救了寺庙。

在一个团队中，每个人都各有所长，各有所短。因此，最好的管理方式是让每个人都能扬长避短，发挥他们最大的作用。

我们从企业的角度来看，不同的岗位对于人才有不同的需求，而不同的人，对岗位也有着不同的适应能力。

因此，假如企业想发挥每一名员工的作用，就必须要让他们到最合适自己的岗位上去。

通过整合而凝聚在一起的团队同样也需要将团队成员安排到最适合他们的位子上。因此，这就需要团队管理者做到适量度才，根据个人能力的大小、个人的特点，为其划分适当的职位。

如果不坚持适量度才的原则，容易造成团队管理混乱、人浮于事的现象，导致团队的资源整合效益下降、工作效率下降。因此，任何一位团队管理者都应当以工作任务和目标为中心，为团队内的每一个人找到属于他们的最佳位置。

这就要求团队管理者做到"知人善任"。要知道，一名合格的管理者是可以将那些比自己能力还要强的人整合到最佳的位子上，让其发挥作用的。

美国钢铁大王卡内基在去世后，他的墓碑上有这样一句话："这里埋葬的是这样一个人——他最擅长的是将那些比他强的人，组织到为他服务的管理机构中去。"

的确，卡内基以及其他无数成功者都有整合团队人才的作用，而他们正是凭借着自己的人才整合能力，让自己的事业步步高升。

实践证明，只要团队管理者善于利用多种手段，从激发团队成员的潜力出发，就能够使其不断发挥，成为整个团队当中最适合的那个"零件"。

反之，如果管理者缺乏必要的手段，就无法厘清团队内部各成员的特点，陷入人事上的被动，造成大材小用、浪费人力资源或小材大用、导致整合失败的局面。

在团队管理过程中做到量才使用，优化团队内部结构的方法有很多，我们可以吸收不同团队的管理经验，形成一套属于自己的方法。但总的来讲，其要点不外乎以下几个：

首先，要学会按照团队成员的能力进行任用。这一点在很多家族式企业当中是一个困局，尤其是在中国这个人情泛滥的社会环境下，企业管理者经常会被"人情"缠身，无法客观地度才用才，导致一些该上的人下了，该下的人却上了。这种情况一旦出现，对于企业的损害是显而易见的。

而团队对"人情"的"过敏性"更为严重，团队从制度上来说，比企业要松散一些，主要依靠"人心"。而"人情式"管理无疑会让管理者丧失人心，因此，团队管理者必须要按照团队成员的能力进行任用，切忌任人唯亲。

其次，要科学地考察人才，并注意根据对方的性格来运用沟通方法，激发对方的潜能。每个人所受的教育不一样，表达能力和倾听能力也有区别，因此，对于不同的团队成员，应当用不同的方式去沟通。

例如，在批评一个自尊心很强的人时，最好是不要当着很多人的面，可以在二人空间内进行严厉批评。而考察人才就需要团队管理者能够与每一位成员打成一片，对每一位伙伴的性格、能力都能了然于胸。

最后，在量才使用之前，要对个人进行有效评估。对个人进行评估是建立科学有效管理体制的关键步骤，也是最后一道保险栓。这种评估包含其长处、短处以及过往经验，把这些都摸透了，才能够将责任交付与他。

孙子兵法有言："故善战者，求之于势，不责于人，故能择人而任势。"意思是说，优秀的将帅善于捕捉时机，选择合适的人才，利用有利的形势。

团队所需的人才有时就像工厂生产产品所需的材料一样，必须十分合适，如果所选人才不合适，对团队运转来说是一种"祸害"。小材大用，大材小用，都不是理想的用人准则，唯有适才专用，才能使人的才能发挥到极致，将整合的效益也发挥到极致。

群体冷漠现象与责任分散效应

管理是一门艺术，因为它只有模式而没有定式。如何选择正确的管理方式，需要审时度势的智慧和纵观全局的眼光。很多企业管理者在管理企业时都有这样一种想法，企业是我自己的，我想怎么管就怎么管。结果管理的一塌糊涂。这其中就透露了一个道理：一家企业采取什么样的管理方式，看似是由人的自由意志决定的，事实却并非如此。

在管理学领域，统领型管理模式是很多企业管理者在创业初期广泛运用的一种管理方式，而这种管理方式的弊病也早已经人所共知。它会造成问责不精准的问题。一旦业务出现问题，各部门之间缺乏沟通，互相推卸责任。这个是让很多管理者头痛的问题，我也遇到过类似的事情。由于有些员工存在固定的思维模式，在工作中他只对上一级负责。所以不管出了什么事，他都是首先做成报告，发给领导。哪怕相关部门的办公室就在旁边，他也不去做沟通。本来双方坐下来谈一谈就能解决的事情，他不解决，反而要走文牍主义、官僚主义那一套。这对企业的发展无疑是非常不利的。

而在团队管理当中，这种问责不精准的问题同样是存在的。由于责任划分不够清晰，一些团队当中会出现群体冷漠的现象。所谓的团队群体冷漠，是指在团队当中，大部分成员对重大责任避之不及，以中庸甚至是"坐享其成"的态度在团队中生存。这种群体冷漠现象无疑会让团队的能力大打折扣。

团队中的群体冷漠现象与"责任"是息息相关的。责任表现在法律上即为"义务"，也就是说，责任具备一定的强制性。而群体冷漠效应则表现为某一件事情的责任归属无法清晰，当大家都认为自己没有责任去做某件事的时候，这件事就可能会被耽搁。

在管理学中，人们用"责任分散效应"对其进行了定义，责任分散效应也称为旁观者效应，是指对某一件事来说，如果是单个个体被要求单独完成任务，责任感就会很强，会做出积极的反应。但如果是要求一个群体共同完成任务，群体中的每个个体的责任感就会很弱，面对困难或遇到责任往往会退缩。因为前者独立承担责任，后者期望别人多承担点儿责任。"责任分散"的实质就是人多不负责，责任不落实。

我们举一个简单的例子对"责任分散效应"加以说明。

一个办公室里原本有三个人，每次办公室的卫生都由小刘负责。后来，办公室又新来了一位同事，小刘就和那位新同事商定轮流打扫卫生。两个人也配合得相当好，办公室还是被打扫得干干净净的。再后来，又来了一名大学生，他来的第二天早上，当同事都来上班时却发现地上一片狼藉。大家面面相觑。原来，小刘和原来的同事都认为卫生应该由最后来的同事负责，而那位大学生却认为卫生已经有人负责了，自己只需要做自己本职的工作就行了。由此可见，当大家都认为别人会承担某种责任的时候，恰恰没人承担责任。

当一个人单独进行选择的时候，他必须担当起所有的责任。但当大家组成一个团队，集体讨论问题的解决方法时，责任就被扩大化了。大家都有这样的思想：如果出了问题，责任是大家的，不是我一个人的。如果一个团队中每一位成员都在这种思想的指导下，那么由集体做出的决定往往更为冒险，这是值得我们提高警惕的。

而解决"责任分散效应"的办法也很简单，那便是将责任落实到每一个个体身上，清晰且明了。

现代化的企业管理在这方面已经日趋完善，我们都知道，每一家成熟的企业当中都会有多个部门，如财务部、市场部、人力资源部等。这些部门存在的意义就是划分责任，这与现代政府的架构方式是一样的，政府当中的工商局、警察局、税务局等部门也都是将政府的对公民的责任细化到每一个部门当中。

当然，以上所说的这些部门都是一个宏观架构，其内部也存在着细如毫毛的责任分化体制。因此，我们也可以认为，在团队中，只要我们能够将责任细化到个人身上，那么就可以避免"群体冷漠现象"的发生。

以企业和政府为例，我们可以将"责任"定义得更加清晰。企业中所有的部门都肩负着一个共同的责任——保证公司正常运转，为公司创造最大的效益。而政府所有部门也都肩负着一个共同的责任——保证政府的正常运转，为其治下的老百姓提供必要的帮助和服务。而在企业各部门当中又有许多部门人员，他们身上也背负着一定的责任，比如在财务部，其主要责任在于保证公司财务制度的运营，管理公司的财务。在政府各部门当中，部门人员的责任也不尽相同，税务局的工作人员需要对税收进行管理，完成部门内的工作。

所以，在团队当中，如果想要让责任有所归属，就必须将责任细化，也就是说，在确定"为团队创造效益"这一大原则的基础上，团队中的每一个人还应当各司其职，管理好自己的事情。

所以，作为一名团队的管理者，在划分责任时一定要将责任主体足够明确，不能模棱两可地随便指派，调动团队成员积极性的一大办法便是让责任具备针对性，细致的责任划分能够避免相互推诿的情况发生，让团队的管理更加井井有条，并最终达到"人人有事做，事事有人管"的最佳状态。

一团和气往往也是一种危机

中国人向来讲究以和为贵，在处理一些事情时，往往会先顾及情面，将严格的规章制度置于第二位。这种现象最直接的反映便是某些高校的师生关系。

如果对中美大学体制有了解的人应该都知道，美国的大学是"宽进严出"，而中国的大学则是"严进宽出"，前者是想考大学比较简单，但是想顺利完成几年学业，拿到学校颁发的文凭却是比较难的；而后者则是需要通过严格的高考遴选体制才能进入大学，而在进入大学之后，就不再需要付出高中时的努力就能顺利毕业。根据最新的一项调查显示，美国排名前100的大学毕业率平均在60%，而中国则达到了98%。

造成这种现象的原因除了学生本身的原因之外，还有管理体制的问题。

有过大学经历的人都知道，在中国高校，师生之间的关系可谓是一团和气，这具体表现在，教师上课不再像高中那样，让你做笔记，认真听讲并进行考核。而学校为了保证毕业率，对此也是睁一只眼闭一只眼。在中国高校中，逃课现象屡见不鲜，但很多逃课的学生只需要在期末突击一把，一般都能顺利过关。更有甚者，有的学校担心学生毕不了业，还会专门为学生开后门，将补考的难度大大降低，目的就是为了保证他们顺利通过考试。

这种"一团和气"的情形也被当下的一些教育专家认为是中国高等教育的"最大危机"。因为"一团和气"是在牺牲制度公正性的前提下出现的，没有了制度，高等教育能够划出一片"方圆"吗？

同样的道理，在团队管理当中，"一团和气"也是一种危机。团队与大学、企业一样，同样是需要制度来维持正常运作的，而"一团和气"是损害制度的一大原因。这种"一团和气"的现象在团队中一般有以下几个表现：

1. 团队管理者管理松懈，仰仗"人情管理"。所谓的"人情管理"是指一些管理者在管理实践当中，希望依靠个人魅力以及他人的自觉性保证团队内部的正常运转。事实上，这种管理方式会极大地削弱管理者的个人威信，无法让制度形成作用。比如说，团队内部某个人犯了错误，应当降职甚至是开除，但是管理者碍于情面，不想把事情搞僵，只是简单说几句了事，那么，我们就很难保证这个人以后不会再犯同样的错误。此时制度对他已经没有了威慑力。要知道，一个人在有了一次触电经历之后就会想方设法地避免不再碰插头或是电线，而没有这种"惩罚感"，他们就可能会一错再错。

2. 团队内部成员得过且过，平庸度日，不献言、不建议、不批评。企业和团队一样，都需要避免出现重大的决策失误。而保证决策正确性的一个关键因素便是"广纳贤言"。如果团队内部成员都只想着过好自己的日子，管好自己的事情，对于一些已经看出问题的决策视而不见，担心得罪领导和上司，视而不见，那么问题便无法得到及时纠正。

3. 表面一团和气，底下钩心斗角。一个团队并没有一套公平公正的制度时，便会出现一些不公平的现象。某个人犯了错没有惩罚，某个人立了功没有奖赏。赏罚不明的现象出现之后，团队成员便会生出诸多抱怨，这对于工作积极性无疑是一种打击，进而会影响到整个团队工作状态。

因此，我们可以说，团队当中的"一团和气"是一种潜藏的危机。管理团队与人际交往并不完全重合。管理依靠的是制度，交往依靠的是人品，这是两个截然不同的概念。因此，作为一名团队管理者，在整合团队的各方资源时，也要适当地保证团队内部存在一些"针锋相对""面红耳赤"。

具体来说，我们需要做到以下几点：

首先，将制度摆在第一位。忽视制度是中国许多家族式企业和合伙式企业不能长久立足的原因。因此，在团队当中，团队成员应当制定一套合理完善的管理体制，不用情面代替制度，严格按照制度办事。

其次，鼓励团队成员献言献策，杜绝"一言堂"。"一言堂"会造成思维的局限性，不利于制定正确合理的决策。因此，应当鼓励团队提出建议，甚至是批评。将团队利益摆在第一位，不能将个人感情牵涉到工作当中来。

最后，明确奖惩机制。奖惩机制其实是一种外部推动机制，有了奖惩机制，大家就知道什么可以做，什么不可以做。而人都有趋利避害的天性，所以奖惩机制无疑会让团队成员朝着"利"的那一方努力。

其实，我们将制度摆在第一位并不是说团队管理不需要人性化。但团队管理中追求人性化的目的是为了充分挖掘个人的潜能，调动成员的积极性，不是任其放纵。团队需要人性化，但这种人性化不能以牺牲原则为前提。

原则是什么？原则是团队的行动纲领和规范，任何人都不能践踏，进入团队的任何人都必须按这些纲要和规范行事，决不可随心所欲。作为团队管理者更应该以身作则严格遵守既定的原则，当团队中有队员违反了既定的原则时要及时予以指出令其改正，管理中要做到奖罚分明，不可徇私舞弊，久之便可影响其他队员并使整个团队形成良性发展。为了团队的目标上下齐心，荣辱与共，这样的积极主动进取的繁荣才是大家所需要的团队氛围。

不要让小事坏大事

个人与个人、企业与企业之间资源整合的一个最大前提是：无论是在整合前和整合后，双方仍然存在着独立性。也就是说，整合的目的是为了保证双方都能够实现共赢，而不是一方吞并一方。

既然存在独立性，那么有一个问题就必须得到重视了，那就是整合双方的矛盾问题。这个世界上不存在两片完全相同的叶子，也不存在两个完全相同的人。这也就意味着，整合是一个需要磨合的过程，在这个过程中，双方势必会因为一些不同之处而产生矛盾。

既然矛盾是无法避免的，那我们就需要正确看待矛盾并加以解决。如果不能很好地看待并解决小的矛盾，那么就很可能造成矛盾激化，最终使小事变成大事。而在团队当中，小矛盾更是不能被忽视的。

电影《中国合伙人》打动了很多观众的心。但鲜为人知的是，这部电影的导演陈可辛早年也有过与人合伙的经历。

陈可辛出身电影世家，从小就在片场长大。在做《龙兄虎弟》制片人的时候，他结识了香港的另外一位电影圈红人曾志伟。两人当时一见如故，私交甚好。

1987年，曾志伟离开了嘉禾公司自立门户，当时他身边缺乏可用之人，于是他便请一直想要做导演的陈可辛入伙，两人一同创业。但在一起创业的前四年中，陈可辛并没有正式做导演，直到四年后，陈可辛才正式挂帅，他指导的首部电影《双城故事》在上映之后好评如潮，帮助曾志伟夺得了香港电影金像奖的影帝。

1992年，陈可辛与曾志伟等六人一起成立了UFO电影公司，拍出了《金枝玉叶》《甜蜜蜜》等一系列独具魅力的好电影。在UFO成立之初，公司的电影多由陈可辛、张之亮、李志毅主持创作，世称"UFO"三剑客。他们联合导演的《风尘三侠》成本很低，但却赚了1700多万港币。在《风尘三侠》之后，他们又拍了《新难兄难弟》《抢钱夫妻》等电影，这两部电影上映之后，票房火热，合计收得4000多万港币，至此，UFO已经进入盈利模式。

但在1996年，UFO却正式结束了自资制作电影，加入到了嘉禾公司旗下，名存实亡。当时这个新闻一出，舆论哗然，因为那时的UFO名气已经打出来了，几位合伙人也都是精英，每个人都能够呼风唤雨。为什么他们会沦落到被兼并呢？

原因就在于一件小事。

在 UFO 开始赚钱之后，很多投资人开始为 UFO 送来资金。这其中就包括香港的 TVB 电视台。TVB 给了 UFO 一大笔钱，对其进行投资。当 UFO 的几个合伙人拿到这笔钱之后，分歧出现了：六个合伙人对这笔钱的规划产生了分歧，有人想用来炒楼，把这笔钱做首付，再去拍电影偿还银行贷款。但包括陈可辛在内的另几个人却认为，这样每个月付的贷款利息可能会比炒楼产生的租金还要多，并不划算。

他们几个人本身都有着鲜明的性格特点，平时就经常因为拍电影的事情产生分歧，各不相让。而这一次，他们仍然是选择不退让，最终，TVB 的这笔投资击垮了他们，使得 UFO 最终被嘉禾收购。而在被收购之后，UFO 也是人心涣散，开始各谋发展。李志毅去了日本发展，张之亮在内地搞起了武侠电视剧，辉煌一时的 UFO 至此也是分道扬镳。

这便是一个小事坏大事的典型案例。

在前面我们曾经提到过，团队与企业在很多方面类似，但在很多方面又是差异明显的。企业用制度弱化了个人特点，使得每个人都可以像是机器当中的一个"零件"，而且企业当中存在上下、领属关系，这与团队都是截然不同的。团队当中的个人可以说都是独立存在的，因此，他们的个人特点会非常鲜明，也不易被压制。也正因为如此，很多团队都会倒在"矛盾"上面。当每个人都各执己见，不肯让步的时候，团队就有可能分崩离析。

因此，要避免出现这种"小事坏大事"的情况，就要求团队管理者在整合团队人力资源的过程中做到以下几点：

第一，尽量建立规范的制度和流程。尽管团队制度无法跟企业制度相比，但仍然需要建立起一套可供参考的制度和流程，这样一来，当团队出现矛盾的时候就有章可循，不至于乱成一锅粥。

第二，懂得让利，以大局为重。这是对团队管理者的要求，也是对团队成员的要求。团队的目标是一致的，在这个前提下，让利和以大局为重并不是什么难事。因此，团队管理者需要时刻提醒自己的伙伴，要时刻以大局为重，不能因小失大。能让则让，能忍则忍。

第三，始终以解决问题为导向，而不以解决矛盾为导向。这是团队管理者需要领悟的智慧。当问题在"问题"时，团队不但不会出现矛盾，反而能够更加团结。而当我们着眼于团队内部人与人之间因为问题而产生的矛盾时，那么就是头痛医头，脚痛医脚，不但对解决问题毫无作用，还有可能激化矛盾，导致矛盾一发不可收拾。

千里之堤毁于蚁穴，团队管理任重而道远。小磕小绊是难免的，对于一个团队来说，最重要的是如何能够在小磕小绊中生存下来。非但不能被它击倒，还应当从中吸取到来之不易的教训，而团队整合的持续性和二次整合助力，化矛盾为危机，让整合更加顺利！

取经团队给我们的启示

在中国古典四大名著《西游记》中，以唐僧为首的取经团队在历经九九八十一难之后最终修成正果。《西游记》中的许多人物和情节都已经深深烙入了几代中国人的记忆当中。

而除了记忆之外，这本书还能够给我们许多启迪。

从整合的角度来讲，取经团队其实也是一个资源整合后形成的团队，这个团队的带头人——唐僧——是因犯错误而被贬为凡人的金蝉子，在成为凡人之后，他面临着一个人生的终极难题——取经。

西天取经是一条艰难之路，道路崎岖，妖魔横行，如果唐僧想凭借着一己之力，估计走不了多远就会送命。但唐僧却在这个过程中整合了四方的力量。

首先是法力无边的孙悟空，嫉恶如仇，性格暴烈。接着是能够成为脚力的白龙马以及贪吃好色、但为人忠厚老实的猪八戒和任劳任怨的沙僧。这几方整合在一起之后，一个取经团队就有了雏形。

对于唐僧这样一个手无缚鸡之力的僧人来讲，他的几个徒弟都是拥有一身本领的高人，这个团队的管理难度可见一斑。

起初，团队之间也存在着一些不信任的情况。比如说，孙悟空在被救出五行山之后，一度对唐僧并不客气，后来观音菩萨给了唐僧一个金箍才治住了他。而猪八戒则更是过分，碰到一点点困难就嚷嚷着要散伙。可以说，在团队磨合的过程中，不信任的情况处处存在，而其中表现得最为明显的一个桥段正是《三打白骨精》。

在《三打白骨精》这一节中，孙悟空屡次识破白骨精的阴谋。

第一次，白骨精变成一个姑娘，假惺惺地给唐僧送饭，孙悟空利用火眼金睛认出对方的本来面目，他直接掏出金箍棒将姑娘打死。此时，唐僧和猪八戒等人都认为，孙悟空认错了人，是滥杀无辜。孙悟空好说歹说才让唐僧息怒，继续前行。

第二次，白骨精又变作先前那位姑娘的母亲，这一次，孙悟空先告诉唐僧等人，说这是妖怪，但唐僧仍然不信。嫉恶如仇的孙悟空没有理会，仍然是一棒打死了老太太。为此，唐僧念了很长的紧箍咒，最后在沙僧等人求情下孙悟空才免遭驱逐。

第三次，白骨精又变作那位姑娘的父亲。这次的情况与前两次一样，孙悟空说这是妖怪，但唐僧等人不信，等到孙悟空打死对方，唐僧已经彻底对其丧失了信任，他将孙悟空驱逐出了这个团队。

团队少了一个核心人物之后，凝聚力和战斗力大大下降，接着，三人的取经团队在宝象国遇险，最终还是不得不请孙悟空出山摆平。

从《三打白骨精》的桥段中我们可以看出，信任对于一个团队有多么重要。孙悟空一心一意想要保着唐僧上西天取经，但却屡屡不受信任，最终落魄离队，让取经道路更加困难。

而之后的故事就更好地说明了信任在一个团队中所起的重要性了。在孙悟空回来之后，唐僧对他的话几乎是言听计从，团队内部凝聚力大大增强，在多次遭遇强险之后都化险为夷，并最终取得真经。

在整合当中，这种信任同样是需要的。根据社会学的一项调查，在一个团队当中，大多数人认为信任问题最为突出。

具体的调查显示，大部分人对于团队的信任状况相当担忧，这些接受采访的团队成员中，只有9.3%的人认为是"很好"或"较好"，有近一半的人则认为是"较差"，而当被问及和周围的人打交道是否需要加以防范时，有超过60%的人认为这是绝对需要的。

没有了信任，团队就如同是一个貌合神离的大集体。管理者不敢相信下属，团队成员之间不敢掏心掏肺，倾尽全力。长此以往，团队必然会面临重大变故。

一个团队想要获得超长的凝聚力，就必须要着重培养团队内部的信任力。这种信任力是一种无形的能量。

那么，如何培养团队内部的信任力呢？具体来说，有以下几点是需要团队管理者做到的。

第一，知人善任，举贤唯能。团队管理者必须对自己这个团队的所有成员都有一个了解，并知人善任，让每个人都能在其合适的岗位上工作。举贤不能唯亲，应当以能力定利益。这是培养团队成员对上的信任。也就是说，如果管理者能够做到这一点，就能在整合团队当中形成一种威信，也能给自己贴上"可以被信任"的标签。

第二，勇于承担责任，勇于认错。当团队中出现问题的时候，不能将责任推到其他人身上，作为一名管理者，团队中出现问题后的首要责任人便是团队管理者，能够勇于承担这个责任，其他人自然会信任你。而勇于承认错误则是一种"人格魅力",一个不愿承认错误的管理者在团队中会有怎样的形象?这是不言而喻的。

第三,着力培养团队内部的信任力。作为一名团队管理者,对每一个人都要做到信息的透明,在利益分配、工作分配等问题上尤其要注意,不能因为欣赏某个人,就给这个人额外的好处,这会造成公信力的丧失。将团队内部的必要信息公布出来,让每一个人都能感受到公平的阳光,信任自然而然就会出现。

总而言之,信任力是一种软实力,但拥有强大的力量。团队与信任力之间的关系就如同是齿轮与润滑油,没有信任力这一润滑油,团队内部会屡现摩擦,造成零件损伤,并最终影响齿轮的运行!

一个中心是个忠,两个中心是个患

团队是由多个人甚至是一群人组成的,既然如此,其势必需要一个领头羊。个人能力再强,陷入群龙无首的状况当中也就只是一盘散沙而已。所以说,团队需要一个"中心",一个可以围绕的中心。

纵观全球各大从合伙走出来的企业,无一不是在围绕着一个中心。比如马云和他的十八罗汉,在马云的创业团队中,他自始至终都是绝对意义上的核心,他的权威性是不容挑战的。而微软的盖茨和保罗这个两人小团队也是这样的关系,只有盖茨才是他们这个团队的核心。

这里所说的"中心"并非是领导,也就是说,核心并不意味着要处于绝对的领导地位,他也可以是某方面的权威,也可以是精神上的领袖。总而言之,他不需要掌握绝对的权力。

一个团队需要核心,这是因为有一个核心的存在能够给团队带来诸多好处。

　　首先，团队需要一个真正意义上的决策人。现代社会学得出过一条著名的论定：人越多，意见越难统一。在一个两人团队当中，意见和决策可能会照顾到两个人的想法，但是人数一旦增多到十几个人、几十个人的时候，意见便非常难以统一。这时，如果没有一个真正意义上的决策人，那么这个团队就可能拿不出任何像样的决策来。因此，一个团队需要一个核心来做决策。

　　其次，有了一个中心能够增强团队的凝聚力。从历史上一些著名的团队当中我们可以得出这条结论。例如三国中的刘关张团队，刘备是这个团队的绝对核心，关羽和张飞都是围绕着刘备来转。在刘备被曹操击溃之后，关羽投降曹操，张飞占城小安，此时这个团队看似已经破碎，但等到二人得知刘备的消息后，三人又聚在了一起。一个团队的核心人物是团队成员之间的一条纽带，他能将每一个人串在一起。

　　最后，团队的核心是一个团队的精神支柱。现在有很多创业者在进入晚年后退居二线，却还是在公司挂职，这其实便是在给予其他人精神上的支撑。而在团队中，一个核心人物同样能够提供这种精神支撑。

　　上海力保科技有限公司的创业团队是朱宗曦和他的弟妹、儿子和好朋友组建而成的。在企业发展过程中，朱宗曦凭其宽厚的性格和过硬的人品成为这个团队的核心支柱。为了公司的发展，朱宗曦把自己的房子和先前挣的美金都做了抵押，当团队在公司经营方向上出现分歧时，朱宗曦会用他的"身体力行"、人格魅力去说服其他人。

　　渐渐地，大家对朱宗曦形成了一种无言的信任和某种心理上的信赖。源于这种对领导人物的信任和信赖，力保形成了一个彼此熟悉、相互照应、知根知底、相互包容的团队，齐心协力地让公司不断壮大。公司成立当年就实现收入 170 万元，到 2002 年年底，注册资金由最初的 100 万元发展到 1200 万元，员工 79 人，实现收入 915 万元，资产总额达到 1600 余万元。

毫无疑问的是，一个团队需要有绝对核心的人物存在。那么，一个团队当中能不能同时有两个核心人物存在呢？

答案是否定的。我们以一部曾经热播的电视剧《亮剑》为案例。

在电视剧《亮剑》中，我们可以了解到，在抗日战争时期，中国共产党领导的抗日部队中建立了一套"在团级以上的单位中设立政委和团长相互监督、共同指挥"的法则。

但在电视剧中，李云龙对政委这一职位的设定却是非常反感。他认为，如果一支部队当中有两个最高行政长官，那么在指挥上就会出现混乱，不利于作战。但是，在后面的剧情当中我们可以发现，李云龙一直是部队的核心人物，而赵刚这个政委只能"管一管生活"。在李云龙这个团长受伤的时候，全团人都心系着他。就算是他因为犯错误被撤职当了营长，团里仍然当他是团长，代理团长有什么重要的事情还得向他征求意见。

《亮剑》中的这些情节恰到好处地说明了一个问题：当一个团队出现两个核心时，最终决策权便没有着落，无法保证团队的正常运转。

而事实上，一个团队假如存在两个甚至是多个核心的话，还会造成更多的问题。

首先，容易造成团队内部的分裂。我们都知道，在很多大的企业当中都会出现拉山头的情况。假如一个团队当中有多个核心，团队内部就有可能出现这种"拉山头"的情况。而这种情况的出现会极大地削弱团队内部的凝聚力，甚至会出现两方或多方互相攻击、互相为难。而一旦出现这种情况，就已经能够影响到一切。

其次，容易造成决策混乱。这一点"多核心"团队最明显也是最直接的反映。我们不再赘述。

最后，会增加团队之间的合作成本。假如我们站在资源整合的立场上来看就不难得出这个结论。团队是群体间的资源整合，只有在密切配合的情况下才能让整合发挥出最大的作用。假如团队内部存在多个核心的话，那么势必会增加各种成本，例如时间成本、人力成本、智力成本等。这些成本的增加就意味着整合的作用减弱，无法达到最理想的状态。

综合上述观点，我们可以说，在团队当中，最好只有一个中心、一个核心。假如出现两个或多个核心，势必会造成团队内部混乱，不利于团队攥成一个拳头发挥出最大的作用。正如标题所说，一个中心是忠，代表着团队的绝对凝聚，两个中心是患，会给团队带来无限的危机！

第九章

没有人是你的固定资产

　　书到用时方恨少，人到用时全逃跑！归根结底，所有的整合都是人的整合。若失去"人"的基本要素，资源整合就成了"真空"。所以，整合就如做生意，达成交易只成功了一半，做好了售后才能赢得"客户"的长久支持。

距离不是物理问题，而是心理问题

斯坦福研究中心曾经发表过一份调查报告，在这份极具权威的报告中，我们发现了一个惊人的事实，那就是"一个人赚的钱，有12.5%来自知识，剩下的87.5%来自关系。"透过这两个相差悬殊的数据，我们应该能深刻地体会到"在家靠父母，出门靠朋友"这句俗语的内在含义。现在这个社会，很多人都恨"爹"不成"刚"，其实说到底还是因为他们不懂得如何去维系和拓展自己的人脉资源，所以才会将希望寄托在自己的父辈身上。

其实所谓的人脉资源，并不是传统意义上的"走后门"，它绝对不带有任何的贬义色彩。通俗一点讲，人脉资源就是助我们在事业上青云直上的贵人朋友。身边的朋友多了，我们脚下的路才好走，这是众所周知之事，又有谁能够拍着胸脯说自己不需要朋友呢？

可以毫不夸张地说一句，我们生活的方方面面都离不开人脉资源的扶持和帮助。人们常说："一个人能否成功，不在于你知道什么，而在于你认识谁。"这句话显然是斯坦福研究中心发表的那份报告的最佳注脚，我们要想在职场顺风又顺水地生存和发展下去，还得花点时间培养一下自己维系和拓展人脉的好习惯。

对于人脉的维系工作，台湾著名的"名片管理大师"杨舜仁绝对是职场老人们值得效仿的对象。据说，杨舜仁的手里有16000多张不同人的名片，他还特地建立了一套名片管理系统。在这个名片管理系统中，他总是详细地记录下每一位朋友的名字、性别、兴趣爱好、彼此相遇的地点、介绍人以及交谈时所聊到的问题等信息。因此，不管他想要找谁，最后都可以在短短几秒的时间内找出那个人的资料和联系方式。

保存人脉的资料是维系人脉的第一步骤，做完这项工作后，杨舜仁还非常重视人脉的"保鲜"。逢年过节，他都会亲自撰写一些简短的邮件或是短信，然后群发给自己的数位朋友。"嗨！我是舜仁，好久不见啦，最近过得好不好？"很多人在收到他诸如此类的短信或是邮件后，都会显得特别高兴，大部分有心人还纷纷给予他热情的回复。而每当他有事需要人帮忙的时候，这个名片管理系统里的人脉资源总有一位是他扭转逆境的贵人。

常听身边的人抱怨，我想干出一番成功的事业，可就是没有贵人相助。在我看来，说出这句话的人，八成就是一个"思想上的巨人，行动上的矮子"。经营人脉资源其实就跟经营自己的事业一样，极需我们的主动出击，如果我们总是站在原地兜着圈子，贵人永远不会像兔子一样撞到我们眼前的木桩上。

所以说到底，真正阻碍我们收获可供整合的人脉资源的并不是物理距离，而是心理距离。为什么这么说呢？我们都知道，精诚所至，金石为开，只要我们有心去经营、维护和拓展人脉，那根本无须担心对方跟我们是不是很熟悉、亲近的关系，也无须在乎对方不是在离我们很远的地方。

夏东在一家银行担任业务员，每天都和客户打交道的他，深知人脉对一个人事业发展的重要性。于是，他每个月都会拿出工资的三分之一用于人情往来的开销。当身边的同事和朋友一下班就钻回自己的小窝"修生养息"时，他却还忙得跟陀螺一样，请他认为非常重要的客户或是老板吃饭、唱歌或是喝茶。

客户和老板都非常喜欢夏东为人的大方、爽快和真诚，久而久之都对他建立了非常良好且深刻的印象。因此，一有什么高端大气上档次的聚会，他们也会把夏东给叫上，帮他介绍商界以及政界的一些名流人士。经过一番投缘的交流，夏东成功地将这些大人物转变成自己的重要客户，为自己的业绩增添了不少的光彩。

几年下来，夏东拓展的人脉资源越来越广，业绩一次又一次地占据了公司的头榜。公司老板还特地在员工表彰大会上，宣布提升他为部门的经理，并且号召所有的业务员向他看齐。

美国大亨洛克菲勒曾说："与人相处的能力，如果能像糖和咖啡一样可以买得到的话，我会为这种能力多付一些钱。"夏东的经历无疑和这句话有着异曲同工之妙，交朋友从来都是一门大学问，拓展人脉资源亦是一项巨大的工程。如果我们不勇敢地走出去，突破人与人之间的心理距离，努力结交朋友，增加人与人之间的交流，那么我们的工作和生活就很难用得到人脉资源整合。

总而言之，资源整合并非光喊口号就行，最终它还是要回归到具体的行动中去，换句话说，我们必须用自己的真诚、主动、努力和勤奋去俘获人心，让对方感受到我们的热切和诚意，只有这样，我们才能将到手的人脉资源进行整合，最终服务于我们的工作和生活。

独享成果＝独吞恶果

不知道朋友们有没有看过这样一个笑话：有一天，阎罗王正在地狱里四处巡察，当他来到一处正在举办投胎仪式的地方时，忽然听到一阵悲伤的哭声。

阎罗王感到非常好奇，连忙询问是谁在哭泣，这个时候，一只猴子突然站到了他的面前，一边哭一边说："他们都可以转世为人，为何唯独我就不可以？"阎罗王上上下下打量了一番猴子，沉声说道："你全身都是毛，怎么能转世为人？"

猴子一听这话，急忙说："那就把我身上的毛都拔光吧，这样我就可以投胎了。"阎罗王点了点头，示意站在他身旁的牛头去拔猴子身上的毛。谁知牛头才刚伸手去拔，猴子就大声地叫喊起来："好痛啊，别拔啦！我不要拔啦！"阎罗王见状，无奈地叹了一口气道："你一毛不拔，何以为人？"

这个笑话非常有意思，它讥讽的是生活中那些一毛不拔的铁公鸡，这种人一般都只想得到却吝啬于付出，或是得到了却只知道一人独乐，而不愿意和其他人一起分享。可这种人不知道的是，独享成果表面上看起来很爽快，实则是在独吞恶果，因为他在吝啬自私的言行举止中，渐渐地得罪了身边的人，从长远来看，这无异于杀鸡取卵，葬送了原本可以到手的人脉资源。

新东方的创立人俞洪敏曾说："你生活中的痛苦和快乐一定要跟别人分享。因为如果你把痛苦压在心里，就像一座还没有爆发的活火山一样，早晚有一天会爆发，一旦爆发，力量就是毁灭性的，它可能会把你自己摧毁，也可能把别人摧毁。"在我看来，与他人分享自己的痛苦倒还是其次，懂的分享自己的快乐才是建立良好人际关系的不二法门。

关于这一点，我觉得寇馨就做得特别好，堪称其是很多人的榜样。当别人总是在我面前抱怨办公室同事之间的关系难以相处时，我从来没有见过寇馨为这些事儿愁眉苦脸过。而且公司的同事们一提到她，不管是当面还是私下里，往往都带着一脸欢喜的笑意。

据我多年的观察，她在明争暗斗的职场拥有这般好人缘的原因其实并不复杂，无非就是乐于分享。如果你要问我她都分享了些什么，我可以非常明确地告诉你，那就是一切她可以分享的东西。最常见的大概就是零食小吃一类的食物，她几乎每天都会在包包里放上一些解馋的瓜子、饼干和水果，闲暇的时候，她总会吆喝办公室的同事跟她一起大快朵颐。

诸位可别小看分享零食的举动，大家伙围在一块吃零食、侃大山，不仅能缓解工作上带来的压力，还能让同事之间的关系变得更加亲密和融洽呢！生活中其实不乏拒绝同事小吃的人，他们之所以这么做，或是觉得不好意思，要么干脆就是不稀罕，不管最后出于什么样的心态，身边的同事一定会觉得闷不吭声坐在一旁的他们有点不近人情，难以相处。

寇馨喜欢和同事们分享自己的小吃，并且也从不会拒绝同事们送上门来的食物，在她的眼里，分享小吃的举动正是一个人主动向对方释出善意的表现，她又怎么忍心去拒绝呢？

除此之外，她还喜欢和同事分享自己的小秘密，比如她早上从来不洗脸，这样皮肤会更好，还有她最近带儿子去海底世界大玩了一场……每当她跟同事聊自己的一些私生活的时候，其他的同事也会敞开心扉，和她聊一聊生活中的喜怒哀乐。就这样，久而久之，她和同事们在互相信任的基础上建立了非常深厚的感情，彼此还经常互相帮忙，为对方排忧解难。

我非常欣赏寇馨的做法，因为人与人之间的交往，能在精神层面有所共鸣毕竟是少而又少，我们最终还是要回归生活，聊一聊彼此的家长里短，分享一下各自的生活琐事。而生活又总是相通的，如果我们能在彼此的生活里找到共同的话题，何不把酒言欢，畅谈一回呢？

以前，每逢下班我总是感觉特别的兴奋，因为终于可以卸下工作的包袱，回到自己的温馨小屋里了。至于办公室的同事，双休的时间如此宝贵，谁又会想到和他们保持联系呢？

寇馨却并不这么认为，她经常在周末给同事们打电话，有时候是纯粹的聊聊天，有时候又请大家伙出去吃饭、K歌和逛街。她非常享受和同事们在一起轻松快乐的时光，同事们自然也被她的真诚和快乐所感染，最后纷纷向她伸去友善温暖的双手。

常言道："独乐乐不如众乐乐。"在人际交往中懂得分享的人，如果自己有五个苹果，就会大方地将其中的四个分给周边的人，让大伙儿跟着他一同品尝苹果的美味，得到他无私馈赠的人，通常也会投桃报李，将好人缘稳妥地放在他的手心。

不要小看这份好人缘，好人缘在关键时候可以成为可供我们整合的资源。有一次，寇馨的母亲生病住院了，当时急需一大笔钱做手术，同事们和朋友们得知此事后，还没等寇馨开口，就纷纷问道："做手术的钱够吗？不够的话，我这里还有两三万，要不你拿去救急？"问的人多了，着实缺钱的寇馨也就不像起初那么慌张了，后来，在这些人的帮助下，寇馨很快就渡过了这次难关。

总而言之，书到用时方恨少，人到用时全逃跑，其实整合二字的精髓全部在"人"字上，得人心者得天下，这是从古至今不变的真理。乐于分享的人有福了，因为人人都愿意借力给他，反之，只爱独享成果的人要遭殃了，因为人人都不待见他。

不是"用不上"就可以不联系

你有没有这样的经历，某一天，你心情不好，想找人倾诉。拿起电话，将电话簿翻了个遍，却还是没能找到一个能够作为倾诉对象的人。再上网打开 QQ，发现好友列表当中的几百号人中，你也找不出一个可以与他苦诉衷肠。

这反映的是现代人的一种通病：表情很丰富，内心很苍白；交往很频繁，朋友却稀少；圈子很热闹，生活却无聊。

这种人际关系之间的冷漠令人感觉很是无力，但却又无可奈何，所以有人说，现在的朋友，十个当中有九个是泡沫。平时吃饭聚会一个不少，推杯换盏称兄道弟也很自然，但是一到关键时候，能够帮上一把的却少之又少。

这让我想起来去年的一段经历。

那天下午，我从外地出差回来，就接到了一个电话。电话那头是朋友许远的妻子王然。从电话中我得知，许远由于过度劳累，突发脑溢血，要做手术，需要一笔不少的手术费。由于许远刚刚买了一套房子，家中已经没有多少积蓄，她想请我帮个忙。

我听完立马绷紧了神经，这可是人命关天的大事儿，于是我立刻带上银行卡，开车去了许远所在的医院。经过一天的抢救，许远终于苏醒了。

我在医院陪了许远一天，平时没事的时候也经常去看他，不到一个月，他就出院了。

后来许远还带着妻子特地登门道谢，我留他们在家里吃了饭，在饭桌上，我问了许远一个玩笑式的问题："你不是经常在外应酬，有很多朋友吗？怎么也没人去医院看看你。"

这话明显是刺激到了许远的神经，他苦笑一声："什么朋友，也就是见过几次面，吃过几次饭，很久都不联系了，找他们借钱，他们一个个的都跟我叫穷，跑得比谁都快。"

我又说："那他们可能也有苦衷嘛。"

"苦衷个屁，我住了个把星期医院，他们也没一个人说来看看我，倒是你，平时我也没请你吃什么饭，你才是真够意思。"

许远一边说还一边摇头："这些人，我以后再也不想见了，我也想明白了，朋友不用那么多，有几个能像你这样知心的就行了。"

我笑了笑，细声对许远说："你有没有想过你自己也有问题。"

"什么，问题还出在我身上了？"许远一脸的不解。

"我的意思是，你跟你所谓的那帮朋友的交往方式不对吧，没事就喝酒吃饭，那不成酒肉朋友了。"

见许远若有所思，我继续说道："维持关系不是喝酒、吃饭就能解决的，你得自己下点功夫，你知道我为什么会帮你，是因为我跟你来往多，知道你是个重情重义的人，也知道你的为人，而且你曾经还帮过我，所以我会毫不犹豫地伸出援手。"

这下许远没再说话了。

像许远这样的人现在有很多，他们在外面认识的人不少，但大多只是吃过饭、见过面的点头之交，平时也没什么联系，所以关系疏远，算不上什么真正的朋友，别人有难时，这些"点头之交"也不会把这当成是自己的朋友的事儿，不嫌麻烦才怪。

中国有句俗话："远亲不如近邻。"其实也是这个道理，亲戚虽然于我们有血缘上的关系，但是如果相距太远，没什么走动，那还不如隔壁的邻居。

所以说，结交人脉很重要，但是更重要的是如何维持与他人之间的关系。我们都知道"联系"是维持两个人关系的最好方式，所以，经常与自己的人脉资源们联系就变得尤为重要。

但是这里所说的联系并不是有事儿了才去联系，平时不烧香，遇难才拜佛的做法只会使人生厌。美国硅谷制图公司国际经营部执行副总裁克莱曼曾经说过："如果仅仅只是因为你想要得到什么东西的时候才去与人联系，那不叫'关系网'，那叫乞讨。"

所以说，除了在有事儿的时候，我们也应该经常跟自己的朋友、客户打打电话，逢年过节的时候送上一点小礼物，如果能够记住对方的生日或者对方家人的生日，在这个时候送上去祝福那么一定也能够给自己加分。

除了我们自己要经常与人联系之外，我们对自己的人脉还需要一定的忠诚度，不要别人由于疏忽或者其他事情很长时间没有和我们联系，就将那个联系人名单中划去。对人脉保持忠诚度，那么人脉也会将忠诚回馈给我们。

最后，也是最重要的一点，在他人需要帮助的时候尽量伸出援手。这是考验两个人交情的终极测试，人际关系本身就是一种"互惠式"的关系，如果别人在需要帮助时向我们求助，那我们就应当竭尽全力，这种帮助能够让对方更加忠诚于这段关系。而且人人都知道感恩，我们今天对他人的伸出援手，某一天我们需要帮助时，相信这些帮助对象也不会袖手旁观，这才是维持一段关系的终极奥义。

第九章　没有人是你的固定资产

不在于你有多会说，而在于你有多会听

古时候，有一个小国的使者来到了中国，他向当时的朝廷进贡了三个一模一样的金人，这可把皇帝高兴坏了。可是这小国的使者并不厚道，他对皇帝说，若想得到这三个价值连城的金人，就必须回答对他所提出来的一个问题："这三个金人，哪一个最有价值？"

皇帝想了许多办法，他请来珠宝匠对这三个金人进行检查，称重量，看做工，可珠宝匠的检查结果显示，这三个金人完全一模一样，价值自然也相等。

皇帝一下子慌了，这下可怎么办才好呢？中国乃泱泱大国，他若是给不出一个正确答案，只怕那位小国的使者会瞧不起自己！最后，有一位退位的老大臣毛遂自荐，说他有办法判断哪个金人最有价值。于是，皇帝连忙将使者请到大殿，只见老大臣胸有成竹地拿出三根稻草，分别插在三个金人的耳朵里。

这时，惊人的一幕出现了，插入第一个金人耳朵里的稻草，从另一只耳朵里出来了；插入第二个金人耳朵里的稻草，直接从它的嘴巴里掉出来了；而第三个金人，稻草插进耳朵后，就掉进了肚子，什么动静也没用。

老大臣满是自信地说道："第三个金人最有价值！"使者默默无语，答案正确。

这个故事告诉我们，最有价值的人，往往不是最会能言善道的人，上帝之所以赐给我们两只耳朵一张嘴巴，就是为了让我们多倾听少说话。一个善于倾听的人，其实就好比一个肚子里能撑船的智

者，在说话滔滔不绝的人面前，他能安安静静地容纳对方所有的心声，甘做一片沉静的绿叶，尽力衬托红花的娇艳绽放。

生活中，很多人并不愿意放弃表达自己的权利，在他们看来，说话不仅能让自己摆脱空虚寂寞的煎熬，还能在人际交往中拔得先机，处于主导地位。这无异于一种话语权，人人都想将其据为己有，因此，谁都不甘心封住自己的嘴巴，静下心来，好好听别人说一说他们的故事。

古人曾云："听君一席话，胜读十年书。"从这句话中，我们不难看出，在一段人际关系中，善于倾听的人才是最大的赢家。至于那些光说不听的人，他们争先恐后地抢夺人际交往的话语权，一张嘴喋喋不休地说个不停，到头来，终究还是一无所获，因为他们无法从别人那里获得更多有用的信息，也无法正确地认识他人，甚至还有可能因此毁掉自己在他人眼中的形象，失去日后可能对自己有所帮助的人脉资源。

其实，如果我们能在与人交谈的过程中，妥善地分配好自己的时间，时刻谨记 20/80 法则，努力把 80% 的时间用在倾听对方说话上，剩余 20% 的时间用在和对方的互动上，那几乎没有拿不下的朋友，我们也不愁当不好一名合格乃至优秀的倾听者。

当我们认真倾听别人说话的时候，对方绝对会认为我们是在尊重他、理解他，这种认知有利于增进彼此之间的感情，使得谈话进行得非常愉快。不仅如此，对方还会暗暗地在心底为我们定下一个较高的分数，而我们也因此收获一份人心，并了解到重要的信息，或是讨教到有用的经验。

由此可见，倾听确实是一门艺术，可以毫不夸张地说一句，善于倾听是建立良好人际关系的最佳诀窍之一。正所谓，磨刀不误砍柴工，接下来，笔者将着重介绍一下有关倾听的技巧。

1. 鼓励对方先开口

在一场谈话开始之前，我们主动鼓励对方先开口，可以降低谈话中的竞争意味，同时，我们展露出来的倾听姿态，还可以培养开放民主的气氛，这有助于彼此交换各自不同的看法和意见。

另外，当别人率先表达自己的观点时，我们就有机会在说话之前，掌握彼此意见的一致之处，以便在接下来的谈话中，投其所好，一语勾心。

2. 努力把注意力集中在对方所说的话上

倾听不是一个单调的姿势，我们在倾听对方说话的时候，必须同时运用自己的耳朵、脑子和心，竭尽全力把注意力集中在对方所说的话上，努力理解他的言语和情感，避免走神分心。

不仅如此，我们还要时刻和对方保持眼神接触，让对方意识到我们有在认真听他说话，他并非在跟一个神游飘忽的陌生人交谈。

3. 不要以沉默代替倾听，适时的互动必不可少

有些人在与人交流的时候，不管对方说了些什么，他总是面无表情，闷不吭声，这种沉默的回应往往会让气氛陷入尴尬，我们一定要尽量避免此类情况的发生。当我们对别人所说的话，适时地给予回应时，对方会觉得我们十分享受这段谈话，他的心情自然也会因此变得更加愉悦。

举个例子，当对方说他自己买的房子就在海边时，我们可以语带羡慕地说上一句："你说你住的房子就在海边？哇，你实在是太幸福了，我想那儿的空气一定非常清新！"有互动的谈话，就像一汪不停地往前流动的活水，它能摆脱死气沉沉的谈话气氛，让彼此的交谈充满活力和趣味。

4. 多做喜鹊，莫做乌鸦

在一场谈话中，每一个人都希望对方能对自己持有称赞的态度，

这种称赞的态度可以来源于夸赞的话语、频繁的点头以及永不停歇的微笑。

因此，当我们像喜鹊一样，为对方送去积极正面的称赞时，对方心里肯定跟乐开了花儿一样，表达起自己的想法也将越来越精准。反之，如果我们总是呈现出一副极为不耐烦、唉声叹气或是愁眉苦脸的模样，对方势必会对我们心生敌意，不愿意再继续跟我们多讲下去。

倾听的技巧还有很多，以上四项并不能囊括所有，但不管怎么说，对于我们的人际交往，这四项倾听技巧还是能起到比较重要的作用。

英国管理学家威尔德曾说："人际沟通始于聆听，终于回答。"没错，倾听正是人际关系的基础，一段良好的人际关系，从来不在于我们有多会说，而在于我们有多会听。

当我们把 80% 的时间花在"听"上，而且不光是用耳朵去听，还总是用心去听时，那宝贵的人脉资源也势必随着他人的侃侃而谈慢慢地进入我们的兜里，表面上看满足了别人的表达倾诉欲望，可实际上我们才是最终的受益者。一个简单的倾听姿势，就能换回宝贵的整合资源，太值！

服务越多人，潜藏机会越多

在互联网越来越发达的今天，网上淘宝已经成为人们购物的一种选择。有过网上购物经验的人应该都有这样的经历：当我们需要购买某一样商品时，输入商品名称，网页上会跳出很多家店铺，价格有高低，产品也有细微的区别。那么，一个问题就出现了：面对如此繁多的选择，我们该如何决策？

现在这个问题已经得到了解决，很多网友给出了一个一致的意见：买销量最好的。一般产品近 1～3 个月的销量在网上都会有显示，我们只需要点一下按"销量排名"的按钮就行了。

为什么销量最好的可以让人放心？这个道理其实很简单，销量最好的产品，一般来说为大众所认可，所接受，口碑也是最好的，而我们选产品时最注重的就是口碑。

这个现象其实也说明了一个道理：服务的人越多，潜藏的机会也就越多。对于那些淘宝卖家来说，如果他们的销量足够高，那么就会吸引更多的人选择购买他们的商品，对于他们来说，挣钱的机会不就更多了吗？

当然，以上论述只是针对商业领域内的商品服务。我们现在所要谈论的是个人如何通过服务更多人来获得更多的机会。

看过《水浒传》的人都对一个问题特别感兴趣：为什么宋江这样的一个小押司最后能够当上梁山泊的总头领。论武功，他一介书生，毫不起眼；论背景，他更是渺小得可怜，他的手下中背景大的人数不胜数，像林冲，他曾经是八十万禁军教头，柴荣，周朝后裔，有官有爵；论魄力吧，他也不如晁盖、武松等人；而论智谋，智多星吴用能够将他甩出好几条街去。但就是这样一个样样都不拔尖的人最后却当上了总头领，而那些本领高强、家世显赫、脑袋聪明的人最后反倒成了他的手下。何也？

我们说，宋江的这些条件的确不怎么样，但是有一点他却是比任何人都要做得好。《水浒传》中，宋江的仗义闻名天下，他最大的特点就是"乐于助人"，所以人送外号"及时雨"。只要有人需要帮助，无论对方是贵是贱，他就会尽量满足。他曾经给卖汤药的王公买棺材，给阎婆也买过棺材。这两人其实对宋江没有大多的作用，但是宋江仍然是慷慨解囊。

而之后，宋江更是逢人有难，就会伸出援手，武松、李逵、薛永这些人都曾受过宋江的恩惠。说到这里，我们就不得不谈一下薛永了。薛永是一名普通的教头，而当时宋江已经是犯了罪，要发配边疆，就在这种情况下，宋江还送出了二十五两银子。最后薛永十分感动，他说了一句话："愿求恩官高姓大名，使小人天下传扬。"

宋江的名声就是这么来的，所以在宋江还没有上梁山之前，他的名声就早已经远播。后来，宋江被人陷害，也是得力于一帮朋友的相助，才脱身苦海。等到他上了梁山，原头领晁盖去世时，其他人自然而然地想推举宋江为头领，至此，"孝义黑三郎"彻底翻身。

宋江的发迹史很简单，他能够做到无私地帮助别人，而受过他帮助的人又会对他的名声进行宣传，所以，宋江多次遭难时，靠着"宋江"这个名字就能让别人立马刮目相看。

宋江的故事无疑印证了这两点道理：

第一，服务别人其实是一种机会上的投资。这种投资虽然不能够立刻获得回报，但有利而无害。

第二，服务的人越多，机会也就越多。宋江帮助过的人在受恩之后，都对宋江的好念念不忘，所以会大加赞赏。宋江在郓城这个小地方混迹多年，但是他的好名声早已经名扬四海，所以走哪里，都有人认识他，也知道他就是那个"及时雨"。人人都喜欢仗义的人，像宋江这样仗义到极致地怎么可能不受欢迎。

曾经有一位著名的企业家说过："我的成功史其实就是一部服务史"。帮助别人，让他也获得了机会。服务别人并不是一件非常困难的事，人人都有需要帮助的时候，包括我们自己在内。不懂得服务别人的人、处处算计的人，也一定是受人厌恶的。

其实说白了，服务别人其实就是一种感情投资，如果只在酒桌上谈朋友，这种所谓的"酒肉朋友"的质量就必须要有一番考量了。

服务他人其实就是一个打铁的过程，懂得服务别人的人，人脉关系才会更加夯实，靠一杯酒两个人是成不了朋友的。

我们常说"赠人玫瑰，手有余香"，其实在人脉关系当中，"赠人玫瑰"收获的不仅仅只是"余香"而已，你帮助了一个人，就会多一处资源，多一处资源就多一处机会，而机会正是所有整合者梦寐以求的契机。

第十章

看看人家怎么玩

　　一手烂牌组合得好，也能出奇制胜！实际上，每一个大咖都是一个顶级的资源玩家。他们知道如何最大限度地整合社会资源，才能成就他们的理想与抱负。看看人家怎么玩，也许你能从中得到帮助和启发。

海底捞你都学不会

海底捞，全称是四川海底捞餐饮股份有限公司，成立于1994年。是一家以经营川味火锅为主、融汇各地火锅特色为一体的大型跨省直营餐饮品牌火锅店。

同时，它也是一家年营业额超过30亿元，员工人数超过15000人的大品牌连锁企业，并将分店开到了新加坡。

但海底捞并不是从一开始就火遍大江南北，它的"爆红"是其整合各方资源后的效果。不可否认，海底捞就是一家火锅店而已，它有普通的地方，比如说他们也属于餐饮业，吃的东西也没什么特别的，无非就是那些菜品，味道也没什么特别的。但它就是火了。我们来看看海底捞为自己借力的几个重大事件。

2011年7月，一条新浪微博在各大网站上被关注，被众多网友转发，博文内容如下："'海底捞'居然搬了一张婴儿床给我儿子睡觉，大家注意了，是床！我彻底崩溃了！"

这位网友是在讲述自己在海底捞吃饭的过程中，看到服务员为了照顾她的儿子睡觉，而特意搬来了一张床。这种事情居然发生在餐厅中，所以网友一片惊呼。

之后，海底捞一系列的用心服务也被好事儿的网友在微博上爆料出来了，从"道歉饼"到"劝架书信"，再到"西瓜打包"……海底捞所能够提供的人性化服务已经超出了网友们的想象。

随着此类传闻越来越多，一时间，"海底捞体"在微博上也开始流行起来。文体的内容大概都是"某天，我在某海底捞吃火锅，席间，我无意中说了一句……在我结账的时候，服务员居然……"而这种段子的最后总以"人类已经无法阻止海底捞了"结尾。

随着微博的迅速复制，网友们更加热情高涨，各种各样的故事和段子接踵而至。此时，网友们已经不在乎故事是否真实，都将经历放在了故事的精彩程度上。

通过一段时间的营销，海底捞在网络上的话题搜索很快就超过了 80 万，词条也达到了 400 万条。这个原本籍籍无名的四川火锅店成了人们讨论的话题和对象，许多人都对海底捞充满了期待。

需要留意的是，这一次"海底捞病毒体"的传播，正是借用了微博这个平台，微博信息的传递速度和辐射面都是惊人的。借助这种个性化的传播，海底捞迅速提升了自己的品牌和知名度。

但海底捞所借助的营销手段并不仅仅只有这一种而已。海底捞的董事长为了打造企业形象，借用了各方渠道，他上过 CCTV，还请了专业团队为自己的公司量身打造了一本《海底捞你都学不会》，图书销量十分可观。

2012 年的时候，海底捞又推出"智真包间"，让亲戚朋友能够通过视频用餐，达到"天涯若比邻"的效果。结果这一消息又在网上掀起轩然大波。

在海底捞之前，无数企业都想通过微博、微信这个平台为自己造势，但能够达到海底捞这种水平的却少之又少，这其中的关键就在于，无论是企业还是个人，在借用他人资源时自身也要有干货。比如说，一个人能够向亲戚朋友借到一笔数额庞大的资金，但假如他没有创业能力，那也不可能达到资金整合的理想状态。

海底捞借微博、电视、图书等媒介作为自己的宣传平台也是有一个前提，那就是其服务的确与传统餐饮业有着巨大的差别。而且其宣传的方式也极具创新，在广告同类化的今天，这种专注细节的宣传方式少之又少。而海底捞本身的特点也是其最大的资本，这也是其内部整合的结果。

1. 服务态度特别好

我们都有在外用餐的经历，对于那些服务态度不错的饭店，我们会说"服务态度不错"。但海底捞并不仅仅满足于不错，而是立志于将服务态度打造到最好。

他们聘请服务员甚至比招聘经理的流程还要严格。因为食客很多，经常要排队，餐厅就为等待的顾客提供免费的美甲、美鞋、护手服务，还有一些节目表演；免费饮料、零食和水果。并且服务员来自五湖四海，可以找老乡服务，态度很热情，服务周到，甚至在卫生间里都会有专人服务，包括开水龙头、挤洗手液、递擦手纸等。为了方便带小孩用餐的顾客，他们甚至开辟了专门的游乐场地，安排专人照顾。其服务态度已经不能用"不错"来形容了。

2. 味道地道，特色突出

海底捞火锅有 10 多种锅底，比如：牛油火锅、鸳鸯火锅、番茄火锅、菌汤锅等。价格方面，地区不同，略有差异。大部分店有自助调料台，有约 20 余种调料，让顾客根据自己的口味喜好，任意调配；另外，还有免费水果，季节不同，水果也有所不同，如：圣女果、哈密瓜、西瓜等；也会有小米粥或是银耳汤等。

3. 物美价廉

很多火锅店为了自己方便，不会做"半份菜"，但海底捞所有的菜品都可以叫半份，而且半份半价，照顾每一位顾客的需求，并且能够让顾客品尝到更多种类的食品，最关键的是，其价格在同行中并不高。

有人说，海底捞的成功，在于它总是把顾客的幸福和员工的幸福作为赚钱的前提，把声誉放在第一位。在海底捞，顾客才是真正的"老板"，员工工作的满意程度是顾客评价的；而员工能快乐地工作，是让顾客真正感到满意的重要保证。

而这些实际上都体现着一种高级整合能力，整合人力、整合口碑、整合平台，海底捞正是凭借着这一切走到了今天！

三国 CEO 们的那些事儿

三国是中国历史的一个片段，在一些文学作品和影视动漫作品的渲染下，三国中的一些人物和故事已经深入人心，而三国中各大军事集团逐鹿中原的一些战术和方法甚至还被引用到了现代战争当中。

假如我们从整合的角度来看，其实三国中各方的角逐都是一场资源整合后的较量，而各方军阀的首领们则个个都是靠整合发家。

在前文中我们曾经详细论述过刘备的发家史，其实，假如我们读透三国之后就能发现，刘备的那一套与其他军阀并无多大差别。都是在不停地整合资源。

首先，人才资源。在任何时候，人才都是稀缺品，而在战乱纷飞的三国时代，人才更是难求。因此，各方势力都在打人才的主意。

其次，财物资源。既然要招兵买马，那就必须要有财力支持，要不然谁愿意跟着你干。

再次，"声化"资源。古代讲究出身门第，三国时期各方诸侯几乎都是出身名门，如袁绍、袁术，四世三公之家。马超的先祖是汉伏波将军马援，连刘备这样的都要自称是中山靖王之后，孝景帝阁下玄孙。有了好名头，就容易拉拢人心。

最后，合作资源。在多方博弈中总有实力较弱的一方，此时，弱者如果不能与其他方面联盟，就可能面临被吞并的危机。

刘备的例子我们已经举过，在此就不再细说。我们不妨将目光转向三国时期的另外两个著名代表——魏国和吴国。看看它们的创业史。

首先，我们从魏国说起。魏国集团的核心人物兼奠基人是曹操。曹操的出身并不差，父亲曹嵩当过太尉（三公之一），很有名望。年轻时的曹操聪明机警，且放荡不羁。当时的人并不认为他有什么特别的才能。起初，曹操只不过是洛阳北部尉，权小位卑。但曹操抓住时机，于公元189年在陈留起兵反董卓，此时，他开始了大规模的整合。

在人才方面，曹操向来是来者不拒，他手下著名的五子良将个个都是骁勇善战之辈，如前将军张辽、右将军乐进、左将军于禁、征西车骑将军张郃以及右将军徐晃。

但这五子良将中除乐进外，没有一位是曹操一手带出来的，也就是说，这些人基本上都是以归顺的形式聚集到曹操麾下。张辽原本跟随吕布，在击败吕布之后，曹操待张辽甚厚，于是张辽归顺；于禁原本是鲍信的部下，后被人推荐到曹操帐下；张郃原本是袁绍的部下，官渡之战中，曹操击败袁绍，张郃归顺曹操；而徐晃则是杨奉的部将，在曹操击败杨奉之后，徐晃在朋友的劝说下投向了曹操。

文臣方面，曹操也招揽了不少知名的谋士。如荀彧、贾诩、荀攸、郭嘉、陈昱等，而在这其中，荀彧、郭嘉原本都是袁绍的谋士，因为袁绍集团中看不中用就投了曹操；而贾诩则是董卓的部下，曹操照样来者不拒。

在财务资源方面，曹操从来就不担心，在他起兵时，他向陈留太守要了一大笔资金，这也成为他招兵买马的第一桶兵。而后，他每到一处，便向当地富商筹钱，用以招兵买马，所以其实力一直很强。

在"声化"资源方面，曹操也是整合的个中能手。"挟天子以令天下"便是他最成功的一次"整合"，利用献帝的名声，为自己攫取正统的帝位，令天下士族归心。

而在合作资源方面，曹操前期曾带头发起十八路诸侯讨伐董卓的行动，树立了自己的威望。而在后期的"樊城之战"中，在关羽几乎攻破樊城、进兵许都的情况下，他联合孙权，击败关羽，解了困局不说，还破坏了孙刘联盟，使得后期两国在面对曹魏时始终处于下风。

以上是曹魏CEO曹操的"整合"事迹。下面我们再来看看吴国方面。

吴国方面我们以孙策、孙权兄弟俩为一个整合主体。二人的父亲孙坚原本也是汉末诸侯之一，但在与刘表集团的交战中，孙坚身死，孙氏集团实力大衰。在不得已的情况下，孙策只得投向袁术，成为袁术手下一员战将。紧接着，孙氏集团也开始了整合之路。

在人才资源方面，孙策在父亲孙坚死后挽留住了黄盖、程普、张纮等人，为前期的壮大补充了必要的实力。而在孙策开始创立基业时，又揽入了大批人才，如周瑜、张昭、太史慈等人。等到孙氏集团在江东逐渐坐稳之后，他们又开始招揽更多的人才，如鲁肃、甘宁等人。可以说，如果没有这些人才的支撑，孙氏集团恐怕是难以长久的。

在财务资源方面，孙氏集团占据了天然优势。当时江东地区战火不多，人民颇为富庶，而吴国也是三国中经济实力较强的一方。

在"声化"资源方面，孙氏兄弟都有威名。孙策被人称为"江东猛虎"，仰慕他的人极多。而孙权更是仪表不俗，气度非凡，所以才令曹操生出"生子当如孙仲谋"的感慨来。当时投靠江东的许多名士都是奔着二人的好名声来的。

而在合作资源方面，孙氏集团做的一个最重要的决定便是在后期与刘氏集团的结盟。当三国已成定局时，北方的曹操领土最广、武力最强。吴国排在魏国之后，而蜀国则最次。在公元208年，曹操率领80万大军南下时，孙氏决定与刘氏集团联军，并成功在赤壁击溃曹军，并让三国鼎立的局势维持了数十年。

假如孙权当时没有与刘备联合，那么曹操在击败刘备势力之后便会攻向江东，吴地也不能保。在赤壁之战后的数十年，江东与蜀地之间的联盟关系虽然经受过一些挑战，但一直没有完全破裂，这也导致在曹操有生之年都无法再踏足江南一步。

从曹操、孙权、刘备等人的创业经历来看，我们不难发现，他们的成功都是建立在整合各方资源的基础上。可以说，三国时期的这几位CEO都是整合资源的高手。时至今日，仍然有许多创业者在走着他们走过的创业路，一步步整合出自己需要的人才、资金、口碑、伙伴！

视角另类的发家史

有个年轻人决定凭自己的智慧赚钱，就跟着别人一起来到山上，开山卖石头。

当别人把石块砸成石子，运到路边，卖给附近建筑房屋的人时，这个年轻人竟直接把石块运到码头，卖给了杭州的花鸟商人。因为他觉得这儿的石头奇形怪状，卖重量不如卖造型。

三年之后，卖怪石的年轻人，成了村子里第一座漂亮瓦房的主人。

当地的鸭梨汁浓肉脆，香甜无比。每到秋天，漫山遍野的鸭梨就会引来四面八方的客商。

鸭梨生意带来了小康日子，村民们欢呼雀跃。这时候，那个卖怪石的年轻人却卖掉了果树，开始种柳。因为他发现，来这儿的客商不愁挑不上好梨，只愁买不到盛梨的筐。

五年后，他成了村子里第一个在城里买商品房的人。

再后来，一条铁路从这儿贯穿南北。小小的山庄更加开放了。乡亲们由单一的种梨卖梨起步，开始发展果品加工和市场开发。

就在乡亲们开始集资办厂的时候，那个年轻人却在他的地头，砌了一道三米高百米长的墙。

这道墙面朝铁路，背依翠柳，两旁是一望无际的万亩梨园。坐火车经过这里的人，在欣赏盛开的梨花时，会看到四个醒目的大字：可口可乐。

据说这是五百里山川中唯一的广告。那道墙的主人仅凭此则广告，每年就有四万元的额外收入。

这是一种另类的资源整合技巧，这位年轻人整合的是一种不易被人发现的机会，而与这位年轻人的发家史有异曲同工之妙的还有牛仔裤的发明者李维斯。

19世纪时，美国西部成为了淘金圣地。很多人不远万里前往那里，希望能够淘到黄金，满足一夜暴富的美梦。一个叫李维斯的年轻人也在淘金人群当中。

在通往淘金地的路上，一条河流挡住了他的脚步，当时附近根本没有桥，很多人都滞留在了河的这一边。李维斯很是苦恼，他没想到在踏出第一步时就会遭遇这样的困难。

与他同行的一些人望着湍急的河水唉声叹气，有人觉得过河无望，便打道回府，放弃了淘金计划。李维斯心中也很是着急，但他并没有就此放弃，而是转变了自己的思路。他想，既然这么多人都想到河对岸去，我为何不在这里摆渡，将这些淘金的人送到对岸，赚一笔小钱呢！

想做就做，李维斯用身上仅有的一点钱买下了当地人的一条船。由于需要过河的人实在太多，他的生意十分火爆，没过多久，他就淘到了人生中的第一桶金。

后来，也有人加入到了摆渡的行列当中，李维斯的生意越来越清淡，于是他就同其他人一样，前往淘金目的地继续自己的淘金梦。在买了一些工具之后，李维斯又遇到困难了。

当地已经有很多淘金者，他们拉帮结派，排斥新人，根本不让李维斯这些新来的淘金者正常工作。一些淘金者又打起了退堂鼓，打道回府了。

李维斯被人赶了很多次之后，渐渐明白，在这种情况下想靠淘金发财已经是不可能的了。但是他又不甘心就这样回去，就在他身上的积蓄快要花光之时，李维斯又找到了一个很好的商机：他注意到西部地区缺水严重，那些淘金的工人都必须要忍受缺水的不便。

于是，李维斯决定做"水"的生意。由于"市场"很大，李维斯的生意很快就又做得红火起来。这也让一些人开始眼红，争相效仿他。其中一部分拉帮结派的人干脆就仗着人多，欺负李维斯，砸烂了他的水车。

李维斯又一次遭遇危机。但这一次，他同样没有放弃，而是将目标锁定在了淘金人的裤子上。

由于淘金工作非常辛苦，经常进山下水，工人们的裤子很容易就磨破了，而且裤子太薄的话，身体很容易受伤。

李维斯看到了这种情况，又想到了一个挣钱的好主意。他将散落在四周的一些废弃帐篷洗干净，做出了一种非常结实的裤子，这种裤子很受淘金工人的欢迎。

很快，这种结实耐用的裤子就风靡了整个西部。后来，李维斯又开始注重这种裤子的外观，他不再用厚重的帐篷布做原料，而改用斜纹粗棉布。一时间，这种既美观又实用的裤子开始风靡美国，直至后来传遍全世界。

这个死扛到底不服输不认输的年轻人就是现在美国服装业巨头李维斯公司的创始人李维斯·史特劳斯，而他发明生产的这种裤子在后来被人统一称为"牛仔裤"。

李维斯生在了一个机会遍地的时代，但他的成功却是独特的。在去西部淘金的路上，李维斯和同行人一样，都有机会靠淘金暴富；在遭遇那条湍急的河流时，只有李维斯和他在内的一部分人坚持下来了；在淘金受阻之后，只有李维斯坚持下来，继续留在西部，靠卖水挣钱；在卖水生意被干扰之后，李维斯仍然没有放弃，他继续寻找商机，终于创造出了风靡全球的牛仔裤品牌。

在千千万万个淘金人当中，李维斯是独特的，那些淘金者消失在了历史的长河当中，但李维斯因为他的另类视角而整合出来的成果则被世人铭记。

空手道的最高境界

空手道指的是在本身没有可用来整合的资源或资源甚少的时候，整合者利用高超的技巧和手段达到整合的目的，完成看似不可能的整合行为，是整合的最高境界。用成语"空手套白狼"可以精确地对其进行描述。在此，我们列举两个"空手道"的经典案例以飨读者：

案例1：

提起牟其中，很多人都不知该对其作何评价，因为他是一个曾同时肩负中国"首富"和"首骗"两个名号的备受争议的人物。但不管怎么样，在国内商界，人们还是非常佩服他过往"飞机易货"的资源整合能力，那简直是空手套白狼的最佳典范。

众所周知，20世纪80年代末到90年代初，东欧和前苏联瓦解，一时间许多国际倒爷，相继到前苏联找财路，牟其中当然也不例外。

当时，国内西南航空公司正急需飞机投入运行，牟其中了解到这个情况后，脑子就飞快地转动起来。他心想，前苏联不是拥有全世界最好的飞机制造技术么？它们生产的民航飞机肯定质量特别好。而前苏联此时又正面临着严重的经济困难，中国的轻工业产品则非常丰富，如果自己在中国购买一批轻工业产品再到俄罗斯市场上去出售，不就可以用这笔钱买下俄罗斯的飞机，然后再卖给西南航空公司吗？如此一来，他既能从贩卖轻工业产品中赚一笔钱，还能从卖飞机中赚一笔钱，简直是稳赚不赔的好生意。

计划虽好，但牟其中和大多数中国人一样，身上根本就没有多少钱可供他购买数量如此庞大的轻工业产品。在这种情况下，一般人都会选择放弃，然后识相地去过如咸鱼一般的生活。

可牟其中却没有这么做，他很快就想到了一个办法——找银行贷款。可银行也不是省油的灯，考虑到贷款的风险问题，他们告诉牟其中，想要贷款，就得把飞机带到成都机场。

牟其中眼见贷款不是没有希望，于是立马跑到西南航空公司，告知对方自己可以替他们购买到价格合适质量一流的飞机。当时，西南航空公司正愁买不到飞机投入运行呢，现在牟其中主动要求为他们购买民航飞机，而他们也几乎不承担什么风险，何乐而不为呢？于是随即就答应了牟其中的请求。

紧接着，牟其中又转战到了俄罗斯，他绞尽脑汁取得了俄罗斯方面的信任。最后，俄罗斯方面答应以易货方式向他出售两架图18客机，但必须是现货交易。牟其中没有钱，现货交易自然无法进行。怎么办呢？这么好的机会不能这样就放弃啊，这时，牟其中想起了银行方面的承诺，于是他要求俄方先将飞机飞往成都，如果生意不成，他将承担俄方的一切损失。

就这样，在得到牟其中的承诺后，俄方驾驶两架图18客机飞到成都。银行看到飞机来了，当然就按照先前的承诺履行了合同，给了牟其中所需要的贷款。拿到这笔贷款资金后，牟其中就用这笔贷款在全国各地组织货源，最后拉了几车皮货到俄罗斯贩卖。

整个资源整合过程非常顺利。首先，俄罗斯得到了急需的日用工业产品，而西南航空公司则成功买到了心仪的飞机，至于牟其中本人呢，当然就在两次贩卖中发了大财。

不可否认，这整个过程就像一个连环计，让旁人看得眼花缭乱，云里雾里。其实，只要我们沉下心来，仔细想一想，就会发现这整件事情还是很好理解的，只不过过程稍微复杂了些罢了。

在整个运作的过程中，最关键的一点是牟其中成功地让银行贷款给他，如果没有这笔资金，他根本不可能整合成功。

很多创业者之所以会失败，很大程度上是由于资金短缺，毕竟个人的财力有限，而从银行贷款又是难上加难，如果创业者没有足够的财产作抵押，银行是绝对不会轻易冒这个风险的。

但牟其中怎么就成功了呢？归根究底，还是因为他取得了银行的信用，他成功地让飞机出现在成都机场，仅凭这一点，银行就觉得他具备运作大资本的实力，最终愿意贷款给他。

所以，我们可以清楚地看到，银行的本性和人性别无二致，从来都是嫌贫爱富的，同时，也正是因为它有这种本性，我们才有机可乘。

当然，像牟其中这种"乾坤大挪移"的空手道并非一般胆小者可以练就的，因为最重要的还是要取得银行的信用，让对方觉得把资金贷给我们将来还是可以顺利收回的。而要让银行对我们产生信任，我们就必须拿出自己的魄力，承受住看似很大的风险，努力地对多方资源进行整合。

当然，像牟其中这种"飞机易货"的商机也许不容易再出现了，但我们不必灰心丧气，因为同类型的机会还是一抓一大把的，倒飞机这样的商机也许不容易再出现了，可是同类型的机会还是很多的，只要你善于思考，就会发现助你一步登天的机会。

吴一坚的创业过程便是绝好的证明。吴的这种思想和智慧运作确实经典，现在分析起来还是让人不得不叹服，可谓商业中的传世之作！

案例 2：

与牟其中有相似手法的还有吴一坚。吴一坚出身贫寒，曾当过兵，退伍后南下创业，在那里他获得了第一桶金。

1984 年，吴一坚离开西安电力机械厂，怀揣 600 元人民币只身南下广州，开始了他的发家之路。

说得直白一点，吴一坚那时就是个小商小贩，搞两地长途贩运，主要倒卖录音机、录音带、T 恤衫等。在广州的他只能算是小打小闹。但吴一坚是个不满足于现状的人，在一年左右的折腾之后，他在 1985 年毅然离开广州，揣着几万块钱到海南发展，成为海南的第一批弄潮儿。

到海南后，吴一坚逐渐明白了当时整个中国电视机市场的紧俏和海南刚刚起步的特点，立刻将自己的眼光盯在了电视机上。

当时电视机是非常紧俏的商品，仅仅一张电视机的提货单就被炒到好几百块钱。他经常琢磨，"有一个电视机制造厂，比开银行可能发财还快"。于是，吴一坚脑子里成天就想着一定找机会实现这个念头。

就这样，吴一坚从商贩的身份转移到了厂商上。在打定主意后，吴一坚找到一家设计单位，按年生产 10 万台电视机、电冰箱、录像机的规模来设计厂房。

通过和海南当地的一个房地产公司接触，吴一坚以"经营 25 年之后，厂房设备拱手让出"的方式圈地，又以"预交 3% 质量保证金"的方式将厂房建设工程承包出去，再以"正式生产以后，80% 的电子元件由香港一家公司供给"的许诺，令其先投资。

他又利用自己在广州赚的一些钱招揽了一些人才，把场地和人才都整合好了之后，他就开始搞自己的大动作了。

首先，他吩咐下属买了一个电话簿，对全国的这些电子器材经销公司发函，告诉他们一些非常有诱惑力的信息，如我们这里将建一个多大规模的电视机厂，多长时间可以建成，有没有兴趣来和我们合作。同时他又和一些供货商洽谈，让他们做他的供货商。

当时，很多人无法想象他和他的助手们是如何去建一座年产20万台电视机的公司的。在一般人看来，这是天方夜谭，当时的国家骨干企业年产也不过20万台电视机。

可令所有人都没有想到的是，吴一坚成功了。他接到的第一批订货就是五万台。而当时一台电视机的盈利空间在800元左右。这也就意味着，他的第一笔生意让他赚了4000万元。

而在这之后不到十个月，他很快又将自己的身家变成了一亿多。成为那个年代的创业明星。吴一坚对自己的整合能力充满信心，他曾经说过："如果说你现在把我的资产归零的话，我相信我还可以重新再来。"看完他的创业经历再仔细品味一下他的这句话，我们就知道，他绝对不是吹牛，因为对于他而言，资产归零只不过意味着自己的资金资源不足，但他仍然可以凭借着自己的三寸不烂之舌和高超的整合技术立刻为自己整合到资金、人脉、人才等一系列资源。

中国互联网行业杀出一匹"黑马"

一些人把马云的成功归结为互联网的兴起，认为马云是赶上了一个最好的时代，他之所以能成就大业，还是靠好得离奇的运气。

对于这种观点，一句话便可反驳——为什么幸运只降临到马云身上，而不是你、我、他呢？时代给了每一个人商机，但是能将这"商机"打造成一个"商业帝国"的人却凤毛麟角。马云是其中一个，而且马云的运气从来都不是最好的一个！

1964年，马云出生在杭州的一户普通人家，没有显赫的背景，没有殷实的家境，小时候他的读书成绩也并非那么理想，重点高中考了三次，大学又考了三次，直到1984年，他才勉强被杭州师范学院以专科生录取。

从家境、学历上来讲，马云并不幸运。

读书期间，马云的梦想是去酒店工作，或者去当一名人民警察也好。但无一例外的是，他的这些梦想都因为客观条件而搁浅。这两个职业对个人形象有特殊的要求，但马云的外形条件和身体条件都非常糟糕：不到 1.7 的身高，瘦骨嶙峋；长相也很怪异，经常被人调侃"长得像外星人"。

从自身外在条件来讲，马云非但不幸运，还有些不幸。

而马云在创业时，他的运气也好不到哪儿去，也是一个资源匮乏的"屌丝"。

1992 年，马云和几个朋友一起成立了海博翻译社。当时马云每个月的工资不过一两百元，海博翻译社第一个月的收入是 700 元，而房租就达到了 2000 多元。不像那些家境殷实的人一样，当时的他几乎找不到任何可以为他提供资金的人。

在创办阿里巴巴之前，马云还只是听说过互联网。直到 1995 年，他因公去美国，才第一次正式接触到互联网。回国之后，他就开始做"中国黄页"。做"中国黄页"时，他找了很多朋友，希望能一起合伙去做，但朋友们听到建议后都反对马云做这一行："你开酒吧，开饭店，办个夜校，都行。就是干这个不行。"

最后与他一同创业的只有他的妻子和一位朋友，三个人总共凑了两万块钱，就轰轰烈烈地搞了起来。马云的整合能力第一次得到体现，他的这次资金整合让他加速了进军互联网行业的脚步。

但此时马云又存在先天性不足，因为他接触互联网比较晚，几乎是以一个"门外汉"的身份开始创业的。在中国，像他这样的IT 业创始人并不多。比如腾讯创始人马化腾是深圳大学计算机专业的高材生，在创办腾讯之前，他在一家通讯公司主管互联网业务，理论和经验两手都硬。而当时的马云却几乎是什么都不懂，再加上没有口碑和推广资源，因此，"中国黄页"的初期发展面临着极其艰巨的考验。但马云凭借着自己左奔右突的能力，到处整合人脉资源，硬是让中国黄页在三年后实现了 500 万的盈利。

在中国黄页盈利之后，马云将目光投向了市场前景更为广阔的电商领域。

1999 年，马云创办了阿里巴巴。这时的阿里巴巴还仅仅只是互联网行业异军突起的力量。由于马云本身对互联网行业不是很懂，他在资源整合方面存在着极大的不足。找不到自己需要的资源，而自己拥有的资源又不知道如何跟他人进行整合，这让马云愁了很久。

但马云的聪明劲此时又派上了用场。首先他面临的是资金问题。当时的阿里巴巴刚刚成立，他们需要强有力的资金支持。

一次偶然的机会，马云认识了日本软银集团的孙正义，两人相谈甚欢，用马云的话来说就是："我们都在这 6 分钟内，明白对方是什么样的人——迅速决断、想做大事、说到做到"，在谈了 6 分钟之后，孙正义决定给马云的阿里巴巴投资 3500 万美元。

这次整合成功的原因，孙正义的一句话能解释，他说："保持你（马云）独特的领导气质，这是我为你投资的最重要的原因。"也就是说，马云的"独特气质"成为了这次资金整合的一次关键。

钱有了，马云还缺人脉，他缺的不是普通人脉，而是互联网行业的人脉，于是，他又开始了下一步动作。

2000 年，马云搞了一个论坛。由于马云自己是金庸迷，而金庸老家又在浙江，与马云算是同乡。而当时 IT 行业的几个大老板也都是金庸迷。马云看准了这个机会，组织了第一次"西湖论剑"的论坛。

这个论坛由阿里巴巴主办，为了让论坛具备足够的吸引力，马云特地从香港请来了金庸先生作为特邀主持，并邀请了当时互联网的五大"掌门人"齐聚杭州西湖，共同探讨互联网的发展方向。

马云那时心里打的"小算盘"谁都瞧得清，他不过只是想借这次论坛为自己找到资源整合的机会。我们且不去论他手段如何，但是他的目的确实是达到了。

通过这次"西湖论剑"，马云和阿里巴巴吸收了足够的合作资源，将企业在行业内的地位大大提升。因为金庸先生亲自到场的缘故，论坛还吸引到了一批媒体资源，在宣传上简直是不费功夫。

而马云本人呢，也加强了自己的人脉资源，他认识了一大批互联网行业的风云人物，如网易的董事长丁磊、搜狐网 CEO 张朝阳、新浪网总裁王志东、8848 的董事长王峻涛。日后这些人都成为了马云在商场上和私底下的好友，为阿里巴巴后来的发展带来了良好的资源。

之后的事情我们几乎可以不用再说了，马云和他的阿里巴巴在整合中不断壮大成长，最终成为中国最大的电商。2014 年 9 月 19 日晚，阿里巴巴在美国成功上市，马云则成为了一时的中国首富！

打造完美产品的唯一方法

当人人都在抱怨生意难做、市场萧条之时，有一个品牌的产品却是异常的火爆。它没有做什么广告和促销活动，在同类产品中价格贵得离谱，却能在三天之内卖掉 100 万台，并且下手慢的还买不到。每一次新产品发布，全球数亿人会通过各种渠道观看发布会，而在上市之后，又会有众多粉丝在其专营店彻夜排队购买。不管是金领、白领，还是蓝领，大家都对它爱不释手。有钱的人会买下来它所有的型号，只为收藏，没钱的人会拼命攒钱，就为了能够"一亲芳泽"。

它是什么？它就是iPhone，中文名"苹果手机"。它并不是什么高科技，只不过是一种时尚而独特的消费品。其产品的大部分元件甚至都不是自己生产的，很多软件也不是它们开发的。但它却做到了无人能及的地步，让众多手机生产商望尘莫及。

而这辉煌的一切，正是整合的威力。

苹果的创始人乔布斯1955年出生在美国旧金山，刚刚出世，就被当大学教授的父亲与颓废派艺术家的母亲无情地遗弃了。幸运的是，一对好心的夫妻收留了这位可怜的私生子。他的人生从低潮开始。

这个美国男孩在经历了些许不平常的童年后，正式开始了自己的人生整合之路。

他第一个出色的整合案例是一次人脉整合。19岁的时候，按照乔布斯的设计，他的朋友沃兹设计了一款很酷的电脑游戏，并赚到了人生的第一桶金。接着，他又带着沃兹的一款新主板进入了硅谷，靠着他天生的谈判口才说服了唯一对此感兴趣的经销商订购了50台。

在这个过程中，乔布斯的整合人脉资源整合能力得到了极大的体现。

第一，他整合了朋友沃兹的智本资源，两人搭配，为自己带来了第一桶金。

第二，他向自己的养父求助，将他的旧仓库改造成了厂房，第一台苹果电脑就是在这厂房里诞生的。

第三，整合了一批工作人员。沃兹是他的好友，乔布斯用自己的理念说服了当时在惠普工作的沃兹，让他成为了自己的第一位御用工程师。除此之外，他还整合了另外一个好朋友以及两个邻居，其中一个还是免费帮忙的。

接下来，乔布斯的整合之路开始一发不可收拾。

在研发appleII（苹果二代电脑）时，乔布斯遭遇了重重风险。他们要在一个小小的机箱角落里放置一个高性能、低噪低温的电源设备。在沃兹眼里，这是一件不可能完成的任务。但乔布斯却不这么认为，他对沃兹说，这件事对于我们两个来说是不可能的，但别人一定可以办到。

于是这次，他用刚刚赚到的25000美金高薪聘请了一位工程师来解决电源的问题。令人没想到的是，这次"资金"换"技术"的整合竟然成功了。在这之后，appleII顺利上市。

在这个过程中，乔布斯还利用其出色的口才和苹果公司的前景为自己整合到了发展所需的资金。当时他的主要投资人叫迈克，作为苹果公司的大股东和利益伙伴，迈克在资金上非常慷慨，凭借着这些，appleII才能够做到尽善尽美，成为高端个人电脑的代表。

这是乔布斯让苹果电脑成为业内翘楚的过程，而他的另一项成就——苹果手机则是在不同层面进行的强大整合。

在前面我们已经说到过，苹果手机的大部分元件并不是由苹果生产的，主要是中国的代工厂，例如富士康等。这无疑是苹果公司与代工厂的一次合作，也是一次资源的整合。苹果公司提供品牌、核心技术，代工厂生产，双方共同盈利。

这是现在很多国外大型技术型企业的套路，它们将产品生产放在一些发展中国家，能够大大降低生产成本、人力成本，这些节省，其实便是盈利。

而在软件开发上，苹果也采取了非常新颖的整合模式。它们知道，如果要自己去做软件，那么设计出来得再多可能也无法满足每一个人的要求，于是，它们同意软件开发商在手机上安装软件。这样一来，软件开发商借助了苹果的平台来推广它们的软件，而苹果呢？则可以通过这些软件来完善手机的功能和性价比，让它的功能更为强大，成为更受欢迎的手机。这样一来，软件开发商和苹果又实现了双赢。

而最大的赢家是谁？当然是苹果，它们利用整合将自己打造了一个处于产业链上游的高端技术公司。其员工人数不过 10 万人，这其中近一半还是商店员工，但他们在 2014 年却创造了近 2000 亿美元的营业额。称其为"整合之王"实在是再恰当不过！

玩起整合来"小菜一碟"

说起整合，我们就不得不提一则在美国商界疯传的管理寓言故事。

在美国乡下，住着一个老头，他有三个儿子。大儿子、二儿子都在城里工作，小儿子和他在一起，父子俩相依为命。

突然有一天，一个人找到这个老头，对他说："尊敬的老人家，我想把您的小儿子带到城里去工作，可以吗？"

老头当然不肯，于是气愤地说道："不行，绝对不行，你滚出去吧！"

这个人又说："如果我在城里给你的儿子找个对象，可以吗？"

老头还是不答应，他摇摇头说："你别做梦了，还是快点离开这儿吧！"

这个人还是不放弃，说："如果我给你儿子找的对象，也就是你未来的儿媳妇是洛克菲勒的女儿呢？"听完他说的话，老头终于有些动心了。

后来，这个人又找到了美国首富石油大王洛克菲勒，说要给他的女儿介绍对象，洛克菲勒当即就要赶他走，这个人又说："如果我给您女儿找的对象，也就是您未来的女婿是世界银行的副总裁，可以吗？"洛克菲勒最终同意了。

最后这个人找到了世界银行总裁，叫他马上任命一个副总裁，这位总裁摇头说："不可能，这里这么多副总裁，我为什么还要任命一个副总裁呢，而且还必须马上？"

这个人笑着说道："如果您任命的这个副总裁是洛克菲勒的女婿，可以吗？"总裁先生随即就答应了。

通过这个有趣的寓言故事，我们可以从中得出一个结论，那就是一个人可以凭借自身微不足道的付出，而主要是通过整合其他社会资源来达成自己的一连串目标。

不难发现，寓言中的那个游走于老头、洛克菲勒和世界银行总裁之间的人，着实是一个深谙整合的天才，其强大的整合力让所有人都为之惊叹，其整合手法堪称资源配置的最佳方式，而这一切，都值得我们每一个人去学习和借鉴。

也许有人会说，这只是一个寓言故事，是真是假根本无从判断。可不管真假，其中蕴含的道理总归是没错的。再者，只要我们仔细留心一下身边的人，我们就会发现，其实在现实生活中，也不乏像寓言故事里的那个人一样的资源整合高手，而且有的人的成功之处还和这个美国寓言故事别无二致。其中最为典型的就是落户南京的"小菜一碟"的创始人胡小平。

我们都知道，"小菜一碟"原是形容人们对某件事情胸有成竹的一个成语，最后却被聪明的安徽农民胡小平当作佐餐小菜的系列产品和服务的商标加以注册。

胡小平出生在安徽无为县的一个乡村，16 岁初中毕业的他，因为不愿沿着祖辈走过的路继续走下去，于是独自外出闯荡。到了南京后，他捡过破烂、干过搬运工、修过自行车，后来又在农贸市场做起了榨菜买卖，从此开始了自己的创业生涯。

经过几年的辛苦打拼，到 1995 年，胡小平终于在南京水西门批发市场开了家"榨菜世界"批发部，经销涪陵、浙江等地的榨菜，在南京号称"榨菜大王"。后来胡小平遭遇厂家"过河拆桥"，此时，他突然意识到：单纯的中间商身份，自己苦心经营的销售网络完全可以在一夜之间倒戈。清醒地认识到这个惨痛的事实后，胡小平寻思着，怎么样才能把厂家产品卖开了，还能够控制着产品，不让厂家过河拆桥？反过来，怎么样才能把下家的客商团结起来，让厂家过了河也拆不了桥呢？

经过一番冥思苦想后，胡小平终于决定要创造自己的品牌。

说干就干！1998 年，胡小平成立了南京云露调味品有限公司，并注册了"小菜一碟"的生产商标和服务商标。

胡小平是这么计划的：首先，他要用属于自己品牌的庞大的下游网络去制约上游制造商的"无信"行为，其次，他还要用自己编织的上游制造商的网络去吸引下游更多的经销商向自己靠拢。说白了，他就是想用自己这一把双刃剑去"一箭双雕"。

胡小平具体是这么整合这两大资源的：他利用苏果超市的销售网络把生意做大了后，紧接着就开始发展小菜的定牌加工，再把产品打进苏果超市的网络。然后他又借助这个销售网络全国各地的小菜生产企业喊话，双方进行谈判，最后成功地把全国两百多种地方特色小菜汇聚在"小菜一碟"的品牌之下。在充分整合好上游产品资源后，胡小平依旧没有停下忙碌的脚步，他紧接着又开始向下游各大销售巨头喊话，谈判成功后，他如愿地使"小菜一碟"产品走进易初莲花、麦德龙、家乐福、华联等国际国内大型连锁超市。

就这样，胡小平通过对上游产品资源和下游销售渠道资源的整合，逐渐形成了人们买、卖小菜都找"小菜一碟"的局面。而"小菜一碟"也因此变成了中国小菜的交易平台，在飞速的成长中创造了巨大的经济效益。

当然，在这场资源整合的过程中，几乎所有人都是赢家，胡小平、小菜生产企业、下游销售巨头，甚至是普通的老百姓，最后都得到了自己想要的。

胡小平和他的"小菜一碟"告诉我们一个道理，在如今这个社会，不管是公司，抑或是个人，其核心竞争力完全等于资源整合力。对于企业来说，只有通过将产业经营提升为产业链经营，培育以整合资源为基础的核心竞争力，才有可能在激烈的市场竞争中站稳脚跟。而对于个人来说，只有不断培养自己的整合思维，提高自己的资源整合能力，才有可能走得更快更稳更远，不被其他人迎头赶上。

相信很多人都听过这么一句话："你身边存在的资源决定你可能做什么，你所拥有的资源决定你可以做什么，而你对资源的整合利用决定你最终成为什么！"确实，长期以来，我们总是在"求人不如求己"的老观念里兜来转去，目光所及之所永远是自己眼前的这一亩三分地，哪怕我们身边有再好的沃土良田，我们也总是选择视而不见。其实，对于企业和个人而言，我们身边并不缺乏各式各样的资源，我们唯独缺的就是整合这些资源的意识和能力。

放眼望去，我们身边已经有不少企业和个人都已开始行动了，他们几乎都在寻求对外借力，如果我们再不转换思维，跟着别人一起玩整合，那我们迟早会被别人整合！